# O CORPO, SACRAMENTO
# DO AMOR DE DEUS

## Coleção Oração e Vida

- *Amo-te com eterno amor* – Carmita Overbeck
- *Deus uno e trino* – Carmita Overbeck
- *Dia e noite*: uma experiência de oração – Jean Lafrance
- *É possível ser feliz?* Reflexões sobre a felicidade – Pe. Jaime Sidônio
- *O Espírito Santo ensinará a vocês todas as coisas* – Carmita Overbeck
- *Ide, evangelizai!* – Carmita Overbeck
- *Imaginação e oração* – Barry William Malone
- *Maria, mãe e mestra* – Carmita Overbeck
- *O corpo, sacramento do amor de Deus* – Carmita Overbeck
- *Rezar com simplicidade* – Carmita Overbeck
- *Riqueza do sofrimento* – Carmita Overbeck
- *Rosário do seguimento de Jesus* – Omar França-Tarragó
- *Sagrado Coração de Jesus*: espiritualidade para o novo milênio – Pe. Lúcio Zorzi
- *Uma longa viagem*: retiro 2002 – Carmita Overbeck
- *Vida agora e sempre* – Frei Luiz Turra
- *Vinde à parte e descansai um pouco* – Carmita Overbeck
- *Viverás em mim* – Carmita Overbeck

NO PRELO
- *Andai pelo caminho que eu vos indicar* – Carmita Overbeck

Carmita Overbeck

# O CORPO, SACRAMENTO DO AMOR DE DEUS

Dados Internacionais de Catalogação na Publicação (CIP)
(Câmara Brasileira do Livro, SP, Brasil)

---

Overbeck, Carmita
O corpo, sacramento do amor de Deus / Carmita Overbeck. – São Paulo : Paulinas, 2002. – (Coleção Oração e vida)

ISBN 85-356-0847-8

1. Corpo humano – Aspectos religiosos – Cristianismo 2. Deus – Amor I. Título. II. Série.

02-2633                                                        CDD-242.2

---

Índice para catálogo sistemático:
1. O corpo : Reflexões : Cristianismo   242.2

Citações bíblicas: *Bíblia Sagrada*. Edição Pastoral. São Paulo, Paulus, 1985.
Capa: Jesus Ressuscitado – arquivo Paulinas –
montagem de Cristina Nogueira da Silva

2ª edição - 2006

---

*Nenhuma parte desta obra poderá ser reproduzida ou transmitida por qualquer forma e/ou quaisquer meios (eletrônico ou mecânico, incluindo fotocópia e gravação) ou arquivada em qualquer sistema ou banco de dados sem permissão escrita da Editora. Direitos reservados.*

---

**Paulinas**
Rua Pedro de Toledo, 164
04039-000 – São Paulo – SP (Brasil)
Tel.: (11) 2125-3549 – Fax.: (11) 2125-3548
http://www.paulinas.org.br – editora@paulinas.org.br
Telemarketing e SAC: 0800-7010081

© Pia Sociedade Filhas de São Paulo – São Paulo, 2002

No vigésimo aniversário da partida de meu marido, Hermann Overbeck, este livro quer ser uma saudosa homenagem ao companheiro e amigo fiel que ele foi durante os 45 anos de um casamento no qual permanecemos unidos no amor, na fidelidade e no respeito, na saúde e na doença, na alegria e na tristeza, até que a morte — fisicamente — nos separou. Mas a ele permaneço unida na "saudade presença da ausência", porque creio que continua junto a mim, vivendo ressuscitado na casa do Pai.

# PREFÁCIO

Com este livro Carmita Overbeck, já conhecida por muitos(as) leitores(as) por seus numerosos escritos pastorais, apresenta-nos um tema fascinante e muito atual: o corpo humano. Depois de ter refletido nos últimos anos sobre o mistério dos mistérios: *Deus uno e trino — Pai, Filho, Espírito Santo*, origem e fim último de tudo que existe, agora aborda um assunto que, à primeira vista, parece contrastar com essas reflexões anteriores, ou seja, reflexões sobre o *corpo humano, sacramento do amor de Deus*.

O contraste, porém, é só aparente. Tanto as reflexões sobre o mistério da Santíssima Trindade como as reflexões sobre o corpo humano visam ao relacionamento da pessoa humana com Deus Amor. Já no primeiro livro da Bíblia (Gn 1,26), o ser humano é apresentado como criado à imagem e semelhança de Deus. Pode existir vocação maior do que ser imagem de Deus? O homem, isto é, um ser encarnado, não apenas uma alma, mas o homem todo, com sua complexidade espiritual-psíquica-corporal, é criado para representar e ser na Terra um reflexo, um espelho do mistério de Deus uno e trino.

Algo semelhante nos apresenta Carmita Overbeck neste livro: *O corpo, sacramento do amor de Deus*. Sacramento, diz-nos o catecismo, é um sinal, um sinal eficaz que realiza o que significa. Segundo esta definição, guardadas as devidas diferenças, é o nosso corpo que reflete e realiza o amor de Deus. Com sua costumeira sabedoria, conhecimento da realidade humana no seu dia-a-dia, com suas alegrias e seus sofrimentos, Carmita mostra não só a vocação altíssima do corpo humano, como também os desvios e contrastes que o homem e a mulher — o ser humano de sempre, e em especial o ser humano de hoje, a pessoa que vive nas ondas do neoliberalismo e da pós-modernidade — vive e sofre. Ela não apenas questiona e aponta com muita clareza os erros e desvios, como indica e orienta com maestria os caminhos de volta.

É uma espiritualidade do concreto, de pé no chão, acessível a qualquer um que queira viver com dignidade a liberdade dos filhos e filhas de Deus que o Criador nos deu. Os seus exemplos, tirados da própria experiência de vida, são como as parábolas do Evangelho, simples e concretas, como as que Jesus usava para revelar aos seus ouvintes os mistérios do Reino do Pai. As considerações de Carmita nada têm de teórico, mas vêm da prática da vida e querem levar à prática. São como água cristalina que brota do fundo do poço, que refresca o coração sedento e o faz buscar mais e mais as fontes dessa água.

Suas reflexões revelam um conhecimento vivencial da Bíblia e o transformam no que ele é de fato: Palavra de Deus para nós. É com clareza estupenda e surpreendente que mostra que a Palavra de Deus não deve ser apenas estudada e refletida, mas sobretudo rezada e vivida. Talvez seja este o sabor especial que encontramos no livro de Carmita: sua clareza e coerência, sua linguagem simples e direta. Sem rodeios e subterfúgios, ela nos apresenta o caminho para realizar a nossa vocação de ser na Terra um sacramento do amor de Deus — chamado a viver em comunhão eterna com esse mistério de amor que vive e representa nos caminhos de sua história terrestre.

Carmita, minha amiga há mais de vinte anos, desde o tempo em que eu lecionava no Instituto de Teologia de Ilhéus, todo ano me envia o seu último livro, fazendo-me dessa forma participar dos seus retiros, ministrados com uma criatividade invejável e com uma "juventude" inerente àqueles que confiam no Senhor e nele renovam suas forças, "como as da águia".

Desejo que este livro de Carmita seja aceito por seus(suas) leitores(as) da mesma forma que o foram seus outros livros e seus retiros. Possa este livro despertar a ânsia de pôr em prática seus ensinamentos de mestra.

Roma, 14 de abril de 2001.<br>
*Irmã Franziska Carolina Rehbein, ssps**

---

* A irmã Franziska Carolina Rehbein, religiosa das Servas do Espírito Santo, Doutora em Teologia, hoje reside na Holanda, no Centro de Espiritualidade Arnold Jansen, e promove retiros espirituais em diversas partes do mundo.

*O coração tem uma memória que guarda pequenos detalhes, que a outra memória não consegue reter.*

(Pascal)

\*\*\*

Foi com essa "memória do coração" que são João, o discípulo amado, já velho, ao falar do seu primeiro encontro com Jesus, disse: "Eram mais ou menos quatro horas da tarde [...]" (Jo 1,39).

É a memória do coração que guarda, armazena, a palavra que lemos, relemos, meditamos, e quando, por alguma situação, dela necessitamos, ela sobe do coração para a mente, então: "a boca fala daquilo de que o coração está cheio" (Lc 6,45b).

# INTRODUÇÃO

## Retiros de 2001

Seguindo o pedido do papa João Paulo II, procurei durante os anos de 1997 a 2000 meditar sobre cada uma das pessoas da Santíssima Trindade, e o nosso relacionamento com cada uma delas, para tentar viver do jeito da Santíssima Trindade: em comunhão e participação.

Este ano pensei que seria bom meditarmos, aprofundar-nos sobre a pessoa humana, homem e mulher, criados à imagem de Deus Criador, para que venhamos a ser a ele semelhantes (cf. Gn 1,26). Assim, o nosso tema é sobre *O corpo, sacramento do amor de Deus*, território do sagrado, templo vivo do Espírito Santo, pois muitas vezes não sabemos, ou esquecemos, quão maravilhoso é o nosso corpo, plasmado, tecido por Deus no seio de nossas mães (cf. Sl 139 [138],13).

Como em cada retiro desejei aos participantes, aqui também desejo aos meus leitores que estas reflexões lhes façam um grande bem. Lembro que este livro é um "livro-retiro" que não deve ser lido de uma só vez, e que antes de cada reflexão deverão ser feitas, pausadamente, três vezes as leituras marcadas.

Aqui deixo também a *Experiência de Oração Meditativa* que fiz em cada retiro e recomendo, ainda, que todos se habituem a fazê-la, pois é um meio seguro de aprofundar a fé, consolidar a esperança e aumentar o amor e a intimidade com Deus, fonte de força, alegria e paz.

## 1ª REFLEXÃO

# TU ME DESTE UM CORPO

*(Leitura: Hb 10,5-10 – ler, pausadamente, três vezes.)*

Vida humana é esse "vir a ser" a Deus semelhantes, no lugar, na tarefa que nos foi dada: "Foi ele quem estabeleceu alguns como apóstolos, outros como profetas, outros como evangelistas, e outros como pastores e mestres. Assim, ele preparou os cristãos para o trabalho do ministério que constrói o corpo de Cristo. A meta é que todos juntos nos encontremos unidos na mesma fé e no conhecimento do Filho de Deus, para chegarmos a ser o homem perfeito que, na maturidade do seu desenvolvimento, é a plenitude de Cristo" (Ef 4,11-13).

De Deus viemos e a ele retornamos, tendo cada um de nós seu período, seu tempo de vida, mais ou menos longo, para esse "vir a ser". Uns morrem jovens e no entanto: "O justo [Cristo] agradou a Deus, e Deus o amou. Como ele vivia entre os pecadores, Deus o transferiu [...]. Amadurecido em pouco tempo, o justo atingiu a plenitude de uma vida longa" (Sb 4,10.13).

Importância do corpo

Durante muito tempo foi dada grande importância à parte intelectual e à espiritual do ser humano; o corpo era sempre "o primo pobre", a matéria era considerada inferior e para muitos era o lugar da tentação e do pecado. Porém isto mudou, e ultimamente vem sendo dada grande importância à corporeidade, que também é dada à mente e ao espírito, pois eles estão estreitamente ligados, de modo que é impossível separar uma parte da outra.

Tudo que acontece em uma das partes do nosso ser tem reflexos nas outras. Assim sendo, para que tenhamos vida plena, essa que Jesus disse que nos veio dar — "Eu vim para que tenham vida, e a tenham em abundância" (Jo 10,10) —, vamos olhar nosso corpo como "o sacramento do amor de Deus", como disse frei Patrício Sciadini.

Esse "vir a ser a Deus semelhantes" é uma conseqüência, uma exigência por termos sido criados à imagem de Deus.

O ser humano, homem e mulher, é criado à imagem de Deus para assumir livremente sua condição de imagem, e trilhar o caminho da semelhança. Esse é o destino último do homem-imagem e da mulher-imagem: "possuis aquilo que é da imagem, pois és dotado de razão e de vontade; tornas-te, porém, semelhança adquirindo a bondade e a compaixão".[1]

Feito à imagem de Deus, o corpo humano é visto nos textos bíblicos como um território do sagrado. Não se trata apenas de um monte de órgãos, vísceras, fluidos e funções. Na linguagem hebraica, todas as partes do corpo humano são dotadas de atributos psíquicos e espirituais. Cada parte do corpo humano leva em si mesma uma consciência do verdadeiro "eu", de sua unidade.

Cada um de nós é uma pessoa única, é ícone divino criado ao som do Verbo e na ressonância de seu nome, vivificada pelo sopro de Ruah, o Espírito Santo.[2]

Assim, nosso corpo é um santuário no qual a sabedoria divina se torna visível, ajuda-nos a viver bem como num templo do Espírito Santo. Por isso, são Paulo diz: "Ou vocês não sabem que o seu corpo é templo do Espírito Santo, que está em vocês e lhes foi dado por Deus?" (1Cor 6,19). E recomenda: "Não entristeçam o Espírito Santo, com quem Deus marcou vocês para o dia da libertação" (Ef 4,30).

---

[1] Roy, Ana. *Tu me deste um corpo*, São Paulo, Paulinas, 2000. p. 63.

[2] Miranda, Evaristo E. de. *O corpo: território do sagrado*. Introdução. São Paulo, Loyola. p. 11.

Fisicamente, o corpo humano tem uma rica linguagem própria e está sempre falando. O corpo se manifesta na tensão arterial, nos ritmos cardíacos, na temperatura, no equilíbrio, na regularidade respiratória e digestiva, no cansaço, na disposição para realizar atividades. Assim, a ignorância em relação à linguagem do corpo pode afetar a saúde e o bem-estar físico e psíquico, e, em contrapartida, sua compreensão possibilita-nos ter uma vida plena e feliz.

Você conhece a linguagem do seu corpo?

## A Bíblia, fonte de interpretação do corpo

a) *Corpo sonhado por Deus*: a Trindade sonhou todo o nosso ser: "Façamos o homem à nossa imagem e semelhança" (Gn 1,26).

b) *Corpo plasmado e tecido no seio materno*: "Pois tu formaste meus rins, tu me teceste no seio materno" (Sl 139 [138],13).

c) *Corpo maravilhoso*: "Eu te agradeço por tão grande prodígio, e me maravilho com as tuas maravilhas!" (Sl 139 [138],14).

d) *Corpo quase igual aos anjos*: "Tu o fizeste pouco menos do que um deus, e o coroaste de glória e esplendor" (Sl 8,6).

e) *Corpo que Deus precisou para revelar*: "Quando, porém, chegou a plenitude do tempo, Deus enviou o seu Filho. Ele nasceu de uma mulher [...]" (Gl 4,4). "Ele enviou seu próprio Filho numa condição semelhante à do pecado, em vista do pecado, e assim condenou o pecado na sua carne mortal" (Rm 8,3b).

Por isso, Jesus entra no mundo dizendo: "Tu não quiseste sacrifício e oferta. Em vez disso, tu me deste um corpo [...]. Por isso eu disse: Eis-me aqui, ó Deus [...] para fazer a tua vontade" (Hb 10,5-7) (Sl 40 [39],7-9).

## O homem — árvore da vida plantada no jardim (Gn 2,9)

No jardim do Éden, Deus, depois de fazer nascer do solo todas as espécies de árvores formosas de ver e boas de comer, plantou no meio do jardim duas árvores: a árvore da vida — o homem — e a árvore do bem e do mal (Gn 2,9).

Essas duas árvores não têm finalidade comestível: a primeira refere-se à própria vida: "O homem vivo é a glória de Deus", disse santo Irineu (século 2º); a outra é a árvore do conhecimento do bem e do mal, capacidade exclusiva do ser humano para conhecer o melhor e o pior. Cabe só ao homem e à mulher a capacidade, a possibilidade de discernir aquilo que os leva à felicidade ou à desgraça: "Veja: hoje eu estou colocando diante de você a vida e a felicidade, a morte e a desgraça" (Dt 30,15).

O homem é essa árvore da vida, de pé, privilégio único entre todos os seres criados: a verticalidade. O homem está de pé, livre daquilo que o circunda, e adquire novas possibilidades de aproximação. De pé, coloca-se em postura aberta a toda aventura, no encontro do outro; de pé, para superar as dificuldades e os obstáculos da caminhada. Pé no chão, é a missão do homem, andar, marcar passos, deixar pegadas para que outros o sigam.

Já refletimos sobre os pés? Já pensamos que somos árvores da vida, plantadas no mundo em que vivemos, na família, na sociedade, no trabalho, no lugar onde Deus nos colocou?

Aqui no livro está a *árvore da vida*, mostrando como em nosso corpo tudo tem seu sentido, sua razão de ser, sua missão. Eu gostaria muito de ver com vocês cada parte do nosso corpo, mas isto seria exaustivo e o nosso tempo é limitado. Mas cada um, cada uma, olhando essa árvore, poderá fazer a sua própria reflexão. E, melhor ainda, poderá, depois, ler o magnífico livro de Ana Roy, *Tu me deste um corpo*, já citado, e assim conhecer e compreender que maravilha é o nosso corpo, para usá-lo melhor e respeitá-lo mais.

Limito-me aqui a falar sobre o *coração* e sobre *os limiares da nossa alma, nossos cinco sentidos*.

## O coração

"Javé seu Deus circuncidará o seu coração e o coração dos seus descendentes, para que você ame a Javé seu Deus com todo o coração e com toda a alma, e viva" (Dt 30,6).

Na Bíblia, a palavra "coração" é citada mais de 800 vezes, e refere-se ao órgão coração (em hebraico, "lev" ou "levev"). Sua finalidade, ao falar do coração, é nos convidar a descer no espaço profundo de nossas decisões e opções e a mergulhar nas profundezas desse órgão para que possamos crescer e nos tornar cada dia mais pessoas melhores, mais livres, mais amadurecidas, mais preparadas para encontros, descobertas e partilhas. São Paulo, escrevendo aos Coríntios, diz: "Eu lhes falo com franqueza: meu coração está aberto para vocês. Em mim, não falta lugar para os acolher, mas em troca vocês têm o coração estreito. Paguem a nós com a mesma moeda. Eu lhes falo como a filhos; abram também o coração de vocês!" (2Cor 6,11-13).

Se o coração se fecha, não se dilata, nada se vê, nada se compreende. Como disse Exupery, "só se vê bem com o coração". Se o coração não se dilata, nele não haverá vaga para o irmão, compaixão para o sofredor, ternura, acolhimento e misericórdia. Daí a necessidade de transformação do coração de que fala Deus por meio do profeta Jeremias: "Lave a maldade do seu coração para que possa ser salva. Até quando vai continuar deixando no coração esses pensamentos malignos?" (Jr 4,14). E pelo profeta Ezequiel diz: "Darei a eles um coração íntegro, e colocarei no íntimo deles um espírito novo. Tirarei do peito deles o coração de pedra e lhes darei um coração de carne" (Ez 11,19).

Também o salmista fala em unificar o coração: "Conserva íntegro o meu coração no temor do teu nome" (Sl 86 [85],11). Um coração unificado, isto é, unido ao coração de Deus, apaixona-se pelo Reino, compadece-se com amor e misericórdia, consola os que estão sozinhos, irradia ternura e paz.

O coração é o centro do bem e do mal: "As coisas que saem da boca vêm do coração e essas é que tornam o homem impuro. Pois é do coração que vêm as más intenções: crimes, adultério, imoralidade, roubos, falsos testemunhos, calúnias. Essas coisas é que tornam o homem impuro [...]" (Mt 15,18-20).

Do ponto de vista bíblico-simbólico, o coração é, junto com os pulmões, um mestre do sopro da vida. O ritmo cardíaco é identificado com o da respiração, presença do sopro divino (Ruah) que nos deu a vida: "Então Javé Deus modelou o homem com a argila do solo, soprou-lhe nas narinas um *sopro de vida*, e o homem tornou-se um ser *vivente*".[3]

No corpo humano todos os órgãos estão interligados. São Paulo diz: "O corpo é um só, mas tem muitos membros; e no entanto, apesar de serem muitos, todos os membros do corpo formam um só corpo. Se um membro sofre, todos os membros participam do seu sofrimento; se um membro é honrado, todos os membros participam de sua alegria" (1Cor 12,12; 26).

Coração, rins, ouvidos estão interligados, devem sincronizar-se para que o homem permaneça na postura de escuta, como discípulo fiel que capta, discerne e age: "Eu, Javé, penetro o coração e sondo os pensamentos, para pagar a cada um conforme o seu comportamento e segundo o fruto de suas ações" (Jr 17,10).

Como o salmista, devemos sempre pedir ao Senhor: "Sonda-me, ó Deus, e conhece o meu coração! Prova-me, e conhece os meus sentimentos!" (Sl 139 [138],23).

---

[3] Cf. Gn 2,7. Destaques da autora.

## Os limiares de nossa alma: nossos cinco sentidos

Nossos sentidos estão intensa e estreitamente vinculados com o divino que vive dentro de nós e à nossa volta.

O olho

O olho é como o amanhecer: "A lâmpada do corpo é o olho. Se o olho é sadio, o corpo inteiro fica iluminado. Se o olho está doente, o corpo inteiro fica na escuridão" (Mt 6,22-23; Lc 11,34-36). Os olhos são as janelas abertas sobre o mundo, para que possamos enxergar o Universo e penetrar nos horizontes distantes.

Existem pessoas que nunca viram uma onda, uma pedra, uma estrela, o céu, uma flor, o rosto do outro, pois são *fisicamente* cegas, passam a vida na escuridão. Mas há outras pessoas com visão física perfeita, mas nada enxergam: "Vocês têm olhos e não vêem [...]" (Mc 8,18). Existem também muitos estilos de visão: *o olhar que receia*, vê tudo de forma ameaçadora, está sempre sitiado pela ameaça; *o olhar que cobiça*, quer tudo possuir e nunca consegue desfrutar o que tem, porque está sempre obcecado pelo que ainda não possui. Essa cobiça está envenenando o mundo e empobrecendo as pessoas. O "ter" tornou-se o inimigo do "ser"; *o olhar que julga*, só olha para as aparências;

*o olhar ressentido,* nunca satisfeito; *o olhar indiferente*, egoísta, nunca olha para os outros; *o olhar que mata*, pelo desprezo, pelo ódio.

O olhar foi feito para transmitir amor. Um olhar amoroso, terno, pode salvar uma pessoa, dar vida nova, esperança, alegria. Há também a necessidade de *educar* e *purificar* o nosso olhar, porque o olhar espiritualizado consegue transfigurar, tem capacidade de ultrapassar as aparências.

Lembro-me sempre do velho Ramiro que há muitos anos encontrei na cidade do Crato, onde fui implantar o Cursilho Feminino. Ele era cego, mas dizia: "Sou cego, moça, mas a visão interior é linda!".

Cabe ainda aos olhos derramar lágrimas. É a graça da lamentação da qual os olhos participam vertendo água pura e purificadora, lágrimas que operam conversão. Santo Ambrósio dizia a santa Mônica, mãe de santo Agostinho: "Não se perderá o filho de tantas lágrimas!". E vimos o resultado! As lágrimas tornam bem-aventurados os que choram: "Felizes os aflitos, porque serão consolados" (Mt 5,4).

Os ouvidos

Em inúmeras passagens na Bíblia encontramos referências ao ouvir, ao escutar: "Ouça Israel" (Dt 6,4). Com paciência carinhosa e humilde, Javé se faz mendigo da atenção de seu povo: "Ouçam bem e escutem a minha voz, prestem atenção e dêem ouvidos às minhas palavras" (Is 28,23). "Ouça, Israel! Javé nosso Deus é o único Javé" (Dt 6,4). "Dêem ouvidos a mim, venham para mim, me escutem, que vocês viverão." (Is 55,3). "Ah! Se meu povo me escutasse, se Israel andasse em meus caminhos [...]. Eu alimentaria você com a flor do trigo e o saciaria com o mel do rochedo" (Sl 81 [80],14-17). "Toda manhã ele faz meus ouvidos ficarem atentos para que eu possa ouvir como discípulo" (Is 50,4b).

Para orar bem é preciso ouvir. Não há orante que não seja ouvinte! Daí a necessidade do silêncio para desenvolver a audição, a fim de escutar no fundo do nosso íntimo a música do Espírito Santo, esse espírito "que intercede por nós com gemidos inefáveis" (cf. Rm 8,26). Há necessidade de prestar atenção porque: "[...] (é) tão doce a sua voz" (Ct 2,14b).

Santa Teresa D'Ávila, falando do silêncio, diz: "O silêncio é precioso, porque é nele que a alma se abraça com Deus, e Deus se abraça com a alma e a vai *instruindo*".

O escutar é sempre fecundo, porquanto o ouvido recebe, o coração conserva e a vontade cumpre: "Assim acontece com a minha palavra que sai de minha boca: ela não volta para mim sem efeito, sem ter realizado o que eu quero e sem ter cumprido com sucesso a missão para a qual eu a mandei" (Is 55,11). É na escuta atenta da palavra que podemos ir discernindo a vontade de Deus na nossa vida.

A boca

O comer, o beber, o saborear, o falar são tarefas importantes da boca. O comer e o beber asseguram a nossa sobrevivência, pois sem isto o homem não vive, nem física, nem mental, nem espiritualmente, daí a necessidade de se lutar contra a fome, quer seja ela do corpo, da mente ou do espírito. Jesus, ao instituir a Eucaristia, disse: "Quem come a minha carne e bebe o meu sangue tem a vida eterna [...]" (Jo 6,54). "Se vocês não comem a carne do Filho do Homem e não bebem o seu sangue, não terão a vida em vocês" (Jo 6,53). É ainda a boca que dá passagem à palavra que deve ser saboreada como a comida necessária ao sustento do nosso corpo.

Nos retiros que ministro sinto como é grande atualmente a *fome da Palavra de Deus*. Estamos vivendo o que profetizou Amós: "Dias virão em que vou mandar a fome sobre o país: não será fome de pão, nem sede de água, e sim fome de ouvir a Palavra de Javé" (Am 8,11).

Antes de abrirmos a boca para falar, devemos pedir licença ao coração, porque na boca está a língua, e "com ela bendizemos o Senhor e Pai, e com ela amaldiçoamos os homens, feitos à semelhança de Deus" (Tg 3,9). "É um pequeno membro e, no entanto, se gaba de grandes coisas. Observem uma fagulha, como acaba incendiando uma floresta imensa! A língua é um fogo, o mundo da maldade" (Tg 3,5-6).

Precisamos muito meditar a respeito desse capítulo 3º da epístola de são Tiago, sobre os "Pecados da Língua".

O olfato

Dizem os especialistas que o olfato é o mais exato de todos os sentidos sob o aspecto da memória. Os cheiros da infância ainda permanecem no nosso sentimento íntimo. Eles nos fazem recuar para as experiências há muito esquecidas. Até hoje sinto o cheiro do resedá, uma planta do jardim da casa da minha avó materna; até hoje sinto muito vivamente o perfume da Lavanda de Atkinsons, único perfume que meu pai usava. Talvez alguém se lembre daquele filme "Perfume de Mulher", quando, depois de tantos anos, o protagonista reconhece o perfume da mulher amada: Fleur de Rocaille!

É muito importante pensarmos no perfume que destilamos por onde passamos. O Evangelho fala do perfume que Madalena derramou nos pés de Jesus: "A casa inteira se encheu com o perfume" (Jo 12,3b). São Paulo também fala do perfume, o bom perfume de Cristo que devemos ser (2Cor 2,15). Estamos preocupados em ser esse bom perfume de Cristo? Que perfume exalamos em casa, na sociedade, na igreja, no trabalho?

O tato

Também o tato tem sua linguagem própria, que é o toque. Reconhece-se atualmente a importância do toque. A criança necessita ser tocada, beijada, abraçada. O toque comunica afinidade, ternura e calor.

O corpo humano vive sob a pele, que é muito sensível, e é a força do toque que demonstra presença e dá segurança. Infelizmente o sentido do tato, que é sagrado, tem sido vítima do mercantilismo, da cobiça, do consumismo. Basta observarmos os beijos nas novelas da TV — parece que estão se comendo, se devorando. Na Bíblia o beijo é sagrado, por isso mesmo Jesus, ao ser traído, diz a Judas: "Com um beijo você trai o Filho do Homem?" (Lc 22,48). Certamente Jesus teria preferido que Judas lhe tivesse dado um tapa, mas nunca um beijo. Já são Paulo fala em ósculo santo: "Saúdem-se uns aos outros com o beijo santo" (Rm 16,16; 1Ts 5,26).

Estamos atentos ao poder do nosso tato? Como tocamos as pessoas, as coisas?

## Os toques de Jesus

"Jesus estendeu a mão, tocou o leproso e disse: 'Eu quero, fique purificado'. No mesmo instante o homem ficou purificado da lepra" (Mt 8,3; Lc 5,13).

"Jesus tocou os olhos deles, dizendo: 'Que aconteça conforme vocês acreditam'. E os olhos deles se abriram" (Mt 9,29).

"E todos os que tocaram, ficaram curados" (Mc 6,56b). E aquela mulher que sofria de hemorragia sabia: "Ainda que eu toque só na roupa dele, ficarei curada" (Mt 9,20-21; Mc 5,28-29).

Já experimentamos os toques de Jesus na nossa vida? Ele tem tantas maneiras de nos tocar! Precisamos prestar atenção aos seus toques.

Em momentos de dor e de sofrimento, as palavras silenciam, são impotentes, mas a linguagem do tato fala mais alto! Sermos abraçados, beijados carinhosamente, nos proporciona consolo, abrigo, nos faz um grande bem.

Também o Espírito Santo é a faceta impetuosa e apaixonada de Deus, esse Espírito Santo que tocou os apóstolos e os transformou, levando-os a destemidamente evangelizar (At 2,1-4).

Infelizmente muitos desconhecem ou se esqueceram que o nosso corpo é território do sagrado, templo vivo do Espírito Santo, e assim de várias maneiras o estão profanando! Basta que leiamos os artigos que a revista *Veja* e outras apresentam semanalmente!

Vocês lêem a *Veja*, a *Isto É*, ou outras semelhantes? Pois devem ler! A nossa vida cristã passa por elas! Jesus, na sua Oração Sacerdotal (Jo 17,6-26), pede por nós: "Não te peço para tirá-los do mundo, mas para guardá-los do mal" (Jo 17,15). Temos que viver inseridos neste mundo, de olhos e ouvidos abertos, principalmente nós, leigos militantes, pois "é no vasto e complexo mundo das realidades temporais que temos de atuar pelo testemunho de vida e pela palavra oportuna e ação concreta" (Puebla, 789-790). E já no seu tempo são Paulo escrevia a seu discípulo Timóteo: "Proclame a Palavra, insista no tempo oportuno e inoportuno, advertindo, reprovando e aconselhando com toda paciência e doutrina. Pois vai chegar o tempo em que não se suportará mais a doutrina; pelo contrário, com a comichão de ouvir alguma coisa, os homens se rodearão de mestres a seu bel-prazer. Desviarão seus ouvidos da verdade e os orientarão para as fábulas" (2Tm 4,2-4).

Não é só na igreja e nos retiros que se reza; rezamos, também, meditamos e contemplamos lendo revistas e jornais. Como disse Raisa Maritin: "Minha contemplação sai pelas ruas".

Este ano, procurei mostrar nos meus retiros alguns artigos publicados na revista *Veja,* nos quais podemos observar como o corpo — território do sagrado e templo vivo do Espírito Santo — está sendo tratado, usado, profanado. Vamos ler um deles:

"De acordo com a Sociedade Brasileira de Cirurgia Plástica, o brasileiro se tornou o povo que mais faz plástica no mundo [!!!]. Nos últimos cinco anos a clientela quadruplicou. Os cirurgiões plásticos dividem seus pacientes em três principais grupos [...]. O maior deles é formado pelos que recorrem à plástica como forma de lutar contra o inevitável processo de envelhecimento. [Certamente essas pessoas não descobriram toda a beleza que encerra o outono e o inverno de uma existência com outros valores!] O segundo grande grupo reúne aqueles pacientes cujas imperfeições físicas provocam tamanho desgaste psicológico que a minimização ou a eliminação do problema é mais do que bem-vinda [também estes não conhecem a visão interior, tão bela, de que falava o velho Ramiro]. O terceiro grupo abrange aqueles cuja meta é esculpir um corpo de parar o comércio[...]".[4] [Está claro que todas as pessoas deste último grupo não têm nenhuma preocupação com a estética, a beleza, o crescimento e a perfeição das outras duas partes do nosso ser: a mente e o espírito.]

Além do aspecto meramente estético das plásticas, o artigo nos faz pensar na parte financeira delas: somas fabulosas são gastas e ganhas com essas plásticas! Num país como o nosso, considerado ainda de Terceiro Mundo, por sua pobreza, fome, analfabetismo, falta de moradia, de vida digna, existem pessoas "dispostas a pagar 8 mil dólares por uma esticadinha no rosto!" [!!!]. Pena que aqui não posso transcrever todo o artigo, que é extenso, pois seria muito bom ler e meditar!

Ainda dentro deste assunto, há uma outra matéria interessante que ilustra bem o que eu estou tentando mostrar,[5] e fala de um cirurgião plástico que operou a própria mulher "da cabeça à panturrilha"; essa mulher foi toda "turbinada" pelo marido. Nela nada mais é natural, a sua graça é siliconada. A vaidade chegou ao seu mais alto grau!

---

[4] Cf. Brasil, império do bisturi. *Veja*, São Paulo, 17 jan., 2001.

[5] Cf. Feita em casa. *Veja*, São Paulo, 14 fev., 2001.

Não sou contra as plásticas, porquanto muitas vezes elas são necessárias. Quem delas tiver necessidade, coragem para enfrentá-las e dinheiro para pagá-las, que a elas se submeta. Mas, por favor, lembre-se de se "esticar" também por dentro, mente e espírito, para que não fiquem enrugados. Essas pessoas que só se espicham por fora, ficam, como diz o ditado popular: "Por fora, bela viola, por dentro, pão bolorento!".

E quando o sofrimento, a dor, a solidão, o fim chegar, o que irão fazer essas pessoas? Onde irão se sustentar? Vão tomar calmantes e antidepressivos? A paz, a segurança que eles proporcionam é de curta duração!

Essas pessoas estão fazendo de seus corpos "bezerros de ouro" para serem adorados! E eles não conseguirão proporcionar vida plena, felicidade, alegria e paz: "Meu povo praticou dois crimes: abandonaram a mim, fonte de água viva, e cavaram para si poços, poços rachados que não seguram a água" (Jr 2,13).

Resultado? Desidratação! E desidratação mata!

Outra matéria interessante, que também foi capa dessa revista, mostra uma estatística de "homens que sofrem de algum grau de impotência e de mulheres que não conseguem ter orgasmo".[6]

---

[6] Cf. O melhor e o pior da vida a dois. *Veja*, São Paulo, 21 mar., 2001.

Ao lê-la, fiquei me perguntando: o que está acontecendo com a relação sexual criada e abençoada por Deus? Nunca se ouviu falar tanto em impotência masculina, em tanta necessidade de Viagra e de outros produtos similares, e em tantas mulheres que não conseguem o orgasmo!

Ora, o ato sexual requer harmonia, tranqüilidade, consciência em paz, convivência oblativa e respeito; nunca deve envolver interesse pessoal e auto-satisfação narcisista, que deixam gosto de frustração e decepção, e geram o desejo de experiências com outros parceiros, para ver se será melhor...

Se o ato sexual é realizado na paz, na tranqüilidade, na alegria, como um presente de Deus visando não só à procriação, mas também ao justo e reconfortante prazer, ele só poderá dar satisfação, realização. Se, em contrapartida, é feito com outro intuito, haverá de gerar impotência, falta de orgasmo, que por sua vez ocasionarão insatisfação, frustração, decepção.

No livro *Prazer ou amor,* dom Valfredo Tepe diz: "O orgasmo é uma fraca imagem da felicidade que experimentamos ao ver Deus face a face".

Será que pensamos nisso? Temos consciência da presença de Deus no ato sexual? São Paulo diz: "Quer vocês comam, ou bebam, ou façam qualquer outra coisa, façam tudo para a glória de Deus" (1Cor 10,31).

O ato sexual também está aí incluído.

Vou mencionar agora uma reportagem dolorosa! Aborda "relações sexuais anônimas", de duas menores que: "afirmam ter engravidado ao fazerem sexo com vários parceiros, em pleno baile, em pleno salão, em pleno anonimato".[7] Quem serão os pais dessas crianças? Como saber? Transaram com vários homens!

"Onde iremos parar?" — pergunta o Secretário Municipal de Saúde do Rio de Janeiro, alarmado porque uma das jovens grávidas é portadora do vírus HIV.

Reportagem triste, preocupante, mas precisa ser lida, meditada, rezada!

Outra reportagem que me causou surpresa é relativa a uma nova doença que está sendo estudada pelos médicos: a síndrome do lazer. Realmente, nos meus quase 84 anos, nunca pensei que as férias iriam se tornar doença para alguém! Eu que passo o ano inteiro viajando, subindo em avião ou descendo dele, pregando em retiros, falando de pé durante três dias ou mais, atendendo pessoas, ao fim do ano, suspiro pelos meus dois meses de férias! Passo, todo dia, quase duas horas no mar, fazendo exercícios, boiando, relaxando; e o mar,

---

[7] Cf. Engenharia de trenzinho... *Veja*, São Paulo, mar. 2001.

com todo seu potencial de radioatividade, iodo e tudo mais que encerra, renova-me, fazendo-me voltar para o "batente" nova em folha! Como eu poderia pensar que momentos de folga, fins de semana e feriados prolongados ou férias poderiam produzir "dores de cabeça e musculares, crises de ansiedade, náuseas e fadiga".[8]

Meu Deus, com que alegria, a cada dia, depois do almoço, deito-me, durmo ao som de uma música suave e salto da rede feliz. Como agradeço esses dias abençoados de férias!

Com razão o profeta diz: "Na conversão e na calma está a salvação de vocês, e a força de vocês consiste em confiar e ficar tranqüilos" (Is 30,15). E o salmista canta: "Em verdes pastagens me faz repousar; para fontes tranqüilas me conduz, e restaura as minhas forças" (Sl 23 [22],2-3). E Jesus convida: "Vamos sozinhos para algum lugar deserto, para que vocês descansem um pouco" (Mc 6,31).

Nunca pensei que por causa das férias, do descanso, "o organismo passasse a produzir grandes quantidades de cortisol, o hormônio do estresse, intensificando os sintomas da síndrome e enfraquecendo o sis-

---

[8] Cf. Férias? Nem pensar! *Veja*, São Paulo, 28 mar. 2001.

tema imunológico — o que faz com que a pessoa fique mais propensa a contrair viroses". Onde chegamos!!! Onde iremos parar???

No meu livro *Riqueza do sofrimento*,[9] incluí um capítulo intitulado: "Aceite a cruz, mas não fabrique cruzes". Realmente, a cruz faz parte da nossa vida e o Senhor mandou que a carregássemos a cada dia; mas há pessoas que fabricam cruzes que não são permitidas por Deus. Essa síndrome do lazer, produzindo tanto sofrimento e causando, quem sabe, outros ainda maiores, não é enviada nem desejada por Deus! As pessoas as fabricam com as próprias mãos!

Ao ler esse artigo, tive tanta pena dessas pessoas, que rezei por elas! Creio que Jesus também tem pena delas, como em Jerusalém, quando chorou e disse: "Quantas vezes eu quis reunir seus filhos, como a galinha reúne os pintinhos debaixo das asas, mas você não quis!" (cf. Lc 13-34; Mt 23,37). E o pior é que essas cruzes, nós as levamos sozinhos e elas são muito pesadas!

Quantos outros artigos nas revistas e jornais poderíamos ainda citar. Ficam estes para nossa oração e meditação.

---

[9] OVERBECK, Carmita. *Riqueza do sofrimento*. São Paulo, Paulinas, 1983.

Mas Deus seja louvado! O outro lado da moeda existe! O mal praticado não é maior do que o bem. O mal poderá ter até a penúltima vitória, mas a última será do Cordeiro imolado-ressuscitado, como me disse um dia dom Tepe.

Muitos sabem, louvam e agradecem a Deus por este corpo que um dia nos foi dado! Sabem que ele é sacramento do amor de Deus, território do sagrado, templo vivo do Espírito Santo. E assim, juntos, rezemos esta oração tão bela, de autor desconhecido:

Senhor,

Unge minha cabeça para que todos os meus pensamentos saiam da fonte de teu ser, para encher-me com graça e paz.

Unge os meus olhos para que eu possa enxergar tua presença e providência claramente.

Unge meus ouvidos para que eu possa escutar o grito dos pobres em volta de mim e o sussurro da tua palavra.

Unge meus lábios para que eu possa proclamar a Boa Notícia de tua missão e o significado de Jesus Cristo.

Unge minhas mãos para ajudar e sarar muitas vidas que estão quebradas. Para que eu possa fazer o bem, fazer o que devo, para trazer esperança ao desesperado.

Unge meus pés para caminhar no teu caminho, correr e nunca cansar, ficar firme para a justiça, sem medo!

Unge meu coração com calor e compaixão e uma generosidade genuína para todos os que estão necessitados.

Unge meu espírito para a missão, para que eu possa estender a mão, fora e dentro, do coração do mundo inteiro ferido.

Unge-me por inteiro, ó santo, para que eu também possa ser santo(a)!

Unge-me para o serviço, para que eu possa ter a coragem de responder com todo o meu ser às demandas diárias de tua graça.

Ó Deus, pai e mãe da criação, fonte de toda a vida, pela força maternal do teu espírito, fecunda os nossos trabalhos no seguimento do teu filho Jesus e nos abençoa, agora e sempre. Amém!

## 2ª REFLEXÃO
# CRESCER EM IDADE, SABEDORIA E GRAÇA

*(Leitura: Lc 2,46-52 – ler, pausadamente, três vezes.)*

**1º)** Jesus teve um corpo igual ao nosso, um corpo que foi harmoniosa e equilibradamente crescendo "em estatura, sabedoria e graça", isto é, seu corpo, sua mente, seu espírito foram crescendo lentamente.

Conosco, por motivos diversos, o crescimento não é tão harmonioso e equilibrado, o que gera vários males. Muitos se preocupam apenas com o crescimento, o desenvolvimento do corpo, outros com a mente e muito poucos com o espírito. Ora, o ideal é que, para que tenhamos uma vida plena, as três partes do nosso ser, que estão estreitamente unidas, desenvolvam-se, cresçam igualmente, gerando paz, alegria, segurança, para que nos permitam atravessar a vida enfrentando e superando tudo que vai acontecendo neste mundo, no qual não "temos aqui a nossa pátria definitiva, mas buscamos a pátria futura" (cf. Hb 13,14).

**2º)** Aqui neste mundo temos uma vida muito parecida com a da natureza:

a) Temos *fases* como as da lua. O nosso humor tem *fases de lua nova*: escuridão, desânimo, incerteza: "Minha alma se desfaz de tristeza" (Sl 119 [118], 28). "Tende piedade de mim, Senhor, porque vivo atribulado. De tristeza definham meus olhos, minha alma e minhas entranhas".

*Fases de quarto crescente*: esperança, otimismo, confiança: "Esperei ansiosamente por Javé [...]. Pôs em minha boca um cântico novo" (Sl 40 [39],2.4) "Levanta-me no dia terrível, pois eu confio em ti [...] nesse Deus eu confio, e não temerei!" (Sl 56 [55],4-5).

*Fases de lua cheia*: alegria, exultação, paz: "Deus vai abençoá-lo em todas as suas colheitas e em todo trabalho de sua mão, para que você fique cheio de alegria" (Dt 16,15); "Meu coração se alegra, minhas entranhas exultam, e minha carne repousa em segurança" (Sl 16 [15],9); "Gritem de alegria e exultem, moradores de Sião" (Is 12,6).

*Fases de quarto minguante*: saudade, recordação: "Lembro-me das proezas de Javé, recordo tuas maravilhas de outrora" (Sl 77 [76],12). "Quando você ficar mais velho, estenderá suas mãos, e outro colocará o cinto em você e o levará para onde você não quer ir" (Jo 21,18).

b) Como a natureza, temos as *quatro estações*, e é grande sabedoria saber vivê-las intensamente, vendo em cada uma delas sua beleza e mantendo-a no coração.

A *primavera* é a estação mais nova, da beleza da infância e da juventude, estação das aventuras, dos projetos, de correr riscos, de sonhar... Mas, progressivamente, a primavera se transforma em *verão* que é a estação da força, da exuberância, do trabalho intenso, das realizações.

O *outono* é a estação da colheita interior. Mas só colhe quem plantou, quem armazenou! É tão sábia e verdadeira a fábula de La Fontaine: "A Cigarra e a Formiga". Há pessoas que passam a vida como cigarras, nada plantam, nada armazenam, nada constroem. Chegam ao outono da vida ocas, vazias. Até possuem muitos bens, mas nada são! Dentro delas há um vazio que nada preenche!

Mas quem passou a vida plantando, construindo, armazenando, chega ao outono com uma sensação de serena alegria. À medida que "as folhas verdes" vão se tornando amarelas e marrons, sente-se que valeu a pena viver, lutar, trabalhar, cansar-se. Tem razão o salmista quando diz: "Os que semeiam com lágrimas, ceifam em meio a canções. Vão andando e chorando ao levarem a semente. Ao regressar, voltam cantando, trazendo seus feixes" (Sl 126 [125],5-6). Essa alegria tenho experimentado muito intensamente quando vejo as pessoas crescerem por meio dos retiros, quando constato o bem que o senhor tem feito por meio dos meus livros!

E o *inverno* vai chegando... o corpo vai envelhecendo, vai se tornando frágil, as limitações vão aumentando...

À medida que o corpo vai envelhecendo, vamos compreendendo que o espírito cuida dele e nele vai fazendo surgir uma sensação profunda de vigor, um vigor e uma força diferentes. São Paulo tem razão quando diz: "Quando a nossa moradia terrestre, a nossa tenda for desfeita, receberemos de Deus uma habitação no céu" (2Cor 5,1).

Sempre recordo, nas minhas reflexões, da primeira vez que visitei o Museu Costa Pinto (Salvador). Recebemos, ao entrar, um roteiro que deve ser observado e que vai nos fazendo percorrer uma sala após outra, e cada sala vai progressivamente nos mostrando objetos bonitos, perfeitos e preciosos. A última delas denomina-se sala dourada. As mobílias são douradas, recobertas de ricos brocados, os objetos são preciosos, as jóias, maravilhosas, e os quadros, belíssimos. Tudo ali foi para mim um pequeno sinal do que está no capítulo 21 do Apocalipse, quando descreve a

*Jerusalém celeste*. "A muralha é de jaspe. A cidade é de ouro puro, tão puro que parece vidro transparente. Os pilares da muralha da cidade são recamados com todo tipo de pedras preciosas. [...] A praça da cidade é de ouro puro, como vidro transparente" (Ap 21,18.21).

Eu não conheço nada mais revigorante na velhice do que ler o capítulo 21 do Apocalipse. Também nunca li nada tão gratificante como uma frase do pe. Haroldo Rahn, no seu livro, *A quarta vigília*: "Quando sentimos nossos braços, nossas pernas e tudo mais em nosso corpo ir enfraquecendo, é Deus retomando o que é seu!". E dizer como Jó: "Javé me deu tudo e Javé tudo me tirou. Bendito seja o nome de Javé!" (Jó 1,21b). Devolver ao Senhor o que ele nos deu é fonte de alegria.

Infelizmente nós, ocidentais, não pensamos da mesma forma que os orientais e os celtas. Para esses povos ser velho é uma riqueza: "Enquanto o corpo envelhece e enfraquece, a alma está, na verdade, tornando-se mais rica, mais forte, mais profunda. Com o passar dos anos, ela fica mais segura de si mesma. A luz natural no seu íntimo aumenta e se aviva".[1]

---

[1] O'DONOHUE, John. *Anam Cara*: um livro de sabedoria celta, Rio de Janeiro, Rocco, p. 162.

Mas como tudo na vida requer aprendizado, preparo, antes da velhice chegar, precisamos aprender a envelhecer. Antes do inverno da vida chegar, precisamos, como a formiga da fábula, aprender a armazenar, pois velhice vazia é uma tristeza!

### 3º) *A importância do alimento*

a) *Jesus se preocupou com o alimento do corpo*: ao fazer voltar à vida a filha de Jairo, recomendou: "que lhe dessem de comer" (Lc 8,55b).

Quando a multidão o acompanha no deserto durante três dias, Jesus se preocupa que se alimente: "Se eu os mandar para casa sem comer, vão desmaiar pelo caminho" (Mc 8,3), e faz a segunda multiplicação de pães (Mc 8,1-9).

Sem alimento, o corpo humano não pode sobreviver, crescer.

b) *Jesus se preocupou com o alimento da mente*: Estava sempre ensinando no templo: "Voltou para a sua terra. Ensinava as pessoas na sinagoga" (Mt 13,54); "Quando chegou o sábado, Jesus começou a ensinar na sinagoga" (Mc 6,2); "Todos os dias eu estava com vocês no templo, ensinando" (Mc 14,49; Lc 19,47).

Sem aprender, sem desenvolver a inteligência, sem cultura, não se pode crescer.

c) *Jesus se preocupou com o alimento do espírito*; ele mandou: "Vigiem e rezem" (Mt 4,4; 26,41; Mc 14,38; Lc 21,36). Ensinou a orar: "Pai nosso, que estais no céu [...]" (Mt 6,9-13). Ensinou a forma de orar: "Não sejam como os hipócritas, que gostam de rezar em pé nas sinagogas, para serem vistos pelos homens [...] entre no seu quarto, feche a porta e reze ao seu Pai ocultamente" (Mt 6,5-6); "Quando vocês rezarem, não usem muitas palavras" (Mt 6,7).

Assim, Jesus ensinou a necessidade do alimento para o espírito e a maneira de alimentá-lo. E, depois de ensinar, deu-se ele mesmo como alimento: "Porque a minha carne é verdadeira comida e o meu sangue é verdadeira bebida" (Jo 6,55). E avisa: "Se vocês não comem a carne do Filho do Homem e não bebem o seu sangue não terão a vida em vocês" (Jo 6,53). A linguagem não pode ser mais clara: "Eu vim para que tenham vida, e a tenham em abundância" (Jo 10,10). Para crescer "em sabedoria, em idade e graça" (Lc 2,52), precisamos desse alimento do corpo e do sangue de Jesus. Há muitos séculos, ele falou sobre a importância desse alimento, e a maior parte da humanidade não sabe, ou esquece ou duvida! Mesmo entre os cristãos-católicos, quanta displicência com relação a essa comida e a essa bebida! Uns vão às vezes ao banquete eucarístico, outros nunca vão, outros quando têm vontade, outros ficam esperando ser puros e dignos. Que ilusão! Como ir sendo, aos poucos, puros e dignos se não comermos e bebermos sua carne e seu Sangue?

Quanto a mim, não sei se herdei de minha mãe o amor pela eucaristia. Poucas recordações tenho de minha mãe, pois ela partiu muito cedo, quando eu ainda ia completar sete anos; mas uma permanece muito forte em minha memória: cada manhã ela me levava à missa na igreja de São Pedro que ficava perto da nossa casa. Na hora da comunhão, ela ia e eu ficava sentada no banco; voltava sempre sorrindo! Até hoje eu vejo seu rosto sorrindo. Se herdei ou não, não sei, ou se ela, lá do céu, cuidou do meu amor à eucaristia, também não sei. O que sei é que desde a minha primeira comunhão — e lá se vão 75 anos! — nunca deixei de comungar. Certamente, durante muito tempo não comunguei como comungo hoje, mas certamente em cada eucaristia o Senhor foi trabalhando em mim. Como ele disse: "Meu Pai continua trabalhando até agora e eu também trabalho" (Jo 5,17). O que sei, com absoluta certeza, é que são a carne e o sangue de Jesus que ao longo da minha vida vão me fazendo "crescer em sabedoria, em idade, e graça"; que conservam a minha juventude interior; que vão fazendo plástica nas minhas rugas e defeitos; que me dão força, alegria e coragem para correr de um lado para o outro evangelizando. Como disse o profeta Isaías: "Ele dá ânimo ao cansado e recupera as forças do enfraquecido. Até os jovens se fatigam e cansam, e os moços também tropeçam e caem, mas os que esperam em Javé renovam suas forças, criam asas, como águias, correm e não se fatigam, podem andar que não se cansam" (Is 40, 28-31).

O que se passa em mim quando comungo?

É difícil responder! Só sei que, ao comungar, me calo (por isso mesmo tenho horror dos padres que depois da comunhão recomendam *silêncio sagrado* e não param de falar e dar sugestões!); e quando me calo, o Senhor também, silenciosa e docemente, com o sol do seu amor, vai me aquecendo e fortificando. Se o recebo, triste, ele me alegra; se o recebo inquieta, agitada, ele me acalma; se o recebo fria, sem entusiasmo, ele reacende a chama que estava apagando.

O que realmente sei?

Sei que a eucaristia nunca me deixa igual; sei que ela é para mim como o ar que respiro, o alimento que me fortalece, me revigora; sei que preciso dela para viver! O que desejo é continuar, até o fim, comendo dessa carne e bebendo desse sangue "até o dia em que, com vocês, beberei o vinho novo no Reino do meu Pai" (Mt 26,29).

Então, um dia, a esse corpo que cresceu em idade, sabedoria e graça, que trabalhou, sofreu, se alegrou, o Senhor lhe dirá: "*Basta!*". Então chega a morte, passagem desta vida para a vida que é sem fim! Infelizmente, assim como acontece com a velhice, mesmo sendo cristãos, não estamos preparados para enfrentar essa morte-passagem. Geralmente ela é olhada com ansiedade e medo. Há pessoas que nem conseguem viver felizes e tranqüilas por medo da morte!

Mas o que realmente há nesse medo da morte? O medo do desconhecido. Há perguntas latentes dentro de nós: "O que acontece depois?"; "Para onde vamos?"; "O que faremos depois?". São essas dúvidas que geram o medo!

Isso não acontece com quem tem uma fé esclarecida e sólida, um amor e uma confiança na misericórdia do Pai, uma segurança inabalável na Palavra do Deus fiel!

É a Palavra, a cada dia lida, mastigada, meditada, que vai construindo uma ponte sobre esse abismo do desconhecido e vai-nos dando a absoluta certeza de que, ao morrer, estaremos *voltando para a casa do Pai*! Nessa casa, ele nos receberá e carinhosamente nos abraçará. O grande mal é não construirmos essa ponte maravilhosa cuja estrutura é a palavra: "O céu e a terra desaparecerão, mas as minhas palavras não desaparecerão" (Mt 24,35; Mc 13,31; Lc 21,33).

É lendo, meditando sobre determinadas palavras que a "ponte" vai sendo construída: "Comerão bem e saborearão pratos suculentos" (Is 55,2b); "Ele vai enxugar toda lágrima dos olhos deles, pois nunca mais haverá morte, nem luto, nem grito, nem dor. Sim! As coisas antigas desapareceram" (Ap 21,4); "Eu serei o Deus dele, e ele será meu filho" (Ap 21,7). Então, que medo posso ter desse Pai?

E a promessa de Jesus? "Não fique perturbado o coração de vocês. Acreditem em Deus e acreditem também em mim. Existem muitas moradas na casa de meu pai. Se não fosse assim, eu lhes teria dito, porque vou preparar um lugar para vocês" (Jo 14,1-2).

Creio também que é um quadrinho colocado à cabeceira da minha cama, e o qual leio todas as noites, que ao longo desses anos tem ajudado a construir minha ponte. Ele diz o seguinte: "Quando eu acordar amanhã, Deus estará comigo e se eu não acordar, estarei com ele". Assim, sei que: "Agora vemos como em espelho e de maneira confusa; mas depois veremos face a face. Agora o meu conhecimento é limitado, mas depois conhecerei como sou conhecido" (1Cor 13,12).

Para acabar com o medo, com a ansiedade, é preciso construir a ponte sobre o desconhecido.

Talvez muitos, lendo estas minhas afirmações, estarão pensando: E aqueles que nem chegaram a "crescer em sabedoria, em idade e graça", ou porque pouco viveram, ou porque ninguém os ensinou, ou porque não acreditam. O que lhes acontecerá?

A esses respondo: Deus é todo-poderoso no amor e tem muitos outros caminhos e meios para conduzir essas pessoas. Jesus morreu por todos e disse: "Quando eu for levantado da terra (sua morte na cruz), atrairei todos a mim" (Jo 12,32). Aqui entramos no terreno do mistério da redenção, e diante do mistério eu abaixo a cabeça e apenas: *creio*!

Um dia alguém fez a seguinte pergunta ao Cardeal Ratzinger sobre a salvação: "Quantos caminhos levam a Deus?". E ele inspiradamente respondeu: "Tantos quantos homens existem".

Realmente, só o Pai sabe! "Não cabe a vocês saber os tempos e as datas que o Pai reservou à sua própria autoridade" (At 1,7).

Então, a nós só compete: amar, crer, servir, esperar, na certeza de que não nos decepcionará aquele em quem confiamos (cf. 2Tm 1,12b).

## 3ª REFLEXÃO

# UM CORPO QUE É TRANSFORMADO E RESSUSCITA

*(Leitura: 1Cor 15,12-20 – ler, pausadamente, três vezes.)*

**1º)** Diz o livro da sabedoria: "Deus é o autor da vida e não da morte, ele criou tudo para a existência" (Sb 1,13-14).

Assim sendo, um Deus que é pai, amor, ternura e misericórdia nada pode ter criado para matar, mas para viver. A morte terrena está a serviço da vida para a qual fomos criados. A nossa morte corporal, no tempo, é uma expressão da nossa finitude, a porta, o meio, para a plenitude, para a imortalidade para a qual fomos criados.

É Jesus quem revela o verdadeiro sentido da morte: o Filho de Deus, o Verbo Encarnado, assumindo em tudo a natureza humana, também nasceu para morrer. Em Jesus — como em todos nós — a morte foi a passagem da vida terrena para a vida eterna. Foi a passagem deste mundo para o Pai.

Isto fica bem claro no evangelho de são João: "Jesus sabia que tinha chegado a sua hora. A hora de passar deste mundo para o Pai [...]" (Jo 13,1).

Jesus teve a hora dele como todos nós teremos a nossa de passar deste mundo para a casa do Pai.

Não é uma hora de morrer, é uma hora de passar, de trocar de casa: "Não temos aqui a nossa pátria definitiva, mas buscamos a pátria futura" (Hb 13,14). "Quando a nossa morada terrestre, a nossa tenda for desfeita, receberemos de Deus uma habitação no céu, uma casa eterna não construída por mãos humanas. Por isso, suspiramos neste nosso estado, desejosos de revestir o nosso corpo celeste; e isso será possível se formos encontrados vestidos, e não nus. Pois nós, que estamos nesta tenda, gememos acabrunhados, porque não queremos ser despojados da nossa veste, mas revestir a outra por cima desta, e, assim, aquilo que é mortal seja absorvido pela vida. E quem para isso nos preparou foi Deus, o qual nos deu a garantia do Espírito. Por essa razão, estamos sempre confiantes [...]" (2Cor 5,1-6).

Morte e ressurreição formam um único e eterno mistério, ou seja, do homem ser mortal para viver eternamente.

**2º)** Jesus veio ao mundo como salvador! É como salvador que ele vai estar junto de nós na hora da nossa "passagem", para nos recordar tantas coisas que disse no tempo que viveu na Terra, e nós tantas vezes delas nos esquecemos! *Vamos recordá-las?*

"Eu sou a porta. Quem entra por mim, será salvo" (Jo 10,9).

"Eu sou o bom pastor" (Jo 10,14). E se houver "ovelha perdida", ele, "quando a encontra, com muita alegria a coloca nos ombros" (Lc 15,5).

Nenhum teólogo até hoje ousou se pronunciar sobre a hora exata em que a alma deixa o corpo. Ninguém sabe! Mas penso que a hora dessa busca será diferente para cada um; é o tempo da procura da ovelha, para encontrá-la e carregá-la nos ombros!

Podemos viver tranqüilos e confiantes, pois na hora da passagem Jesus vai repetir o que naquela noite disse aos apóstolos amedrontados: "Coragem! Sou eu, não tenham medo" (Mt 14,27). Ele prometeu: "Vão anunciar aos meus irmãos que se dirijam para a Galiléia. Lá eles me verão" (Mt 28,10). Ele prometeu, ele é fiel, e vai nos preceder e vai nos entregar ao Pai!

Foi para isso que Jesus veio, como salvador, para nos conduzir, para não "deixar que nenhum daqueles que o Pai lhe deu se perca", porque quer que "eles estejam comigo onde eu estiver" (Jo 17,24).

Se tivermos bem guardadas na memória do coração essas palavras de Jesus, se sempre as recordarmos, não teremos medo de morrer, ou melhor, de passar deste mundo para a casa do Pai.

Bem certa estava santa Terezinha do Menino Jesus quando disse: "Como poderei eu ter medo de encontrar alguém a quem eu amo tanto?". E santo Agostinho pergunta: "Será que amamos mesmo o Senhor, quando temos tanto medo de nos encontrar com ele?".

Não devemos também esquecer o dever cristão de ajudar — quando for possível — alguém a receber a morte, a passar tranqüilo, sereno, em paz, deste mundo para a casa do Pai.

No ano passado tive uma forte experiência sobre essa ajuda. Fui visitar no hospital um jovem, filho de uma amiga, que estava em fase terminal, entubado, praticamente inconsciente, apenas com o coração e os rins funcionando. Os médicos ainda não podiam prever a hora final. Quando cheguei, nem pensei em entrar na UTI, mas depois de algum tempo, tive um grande desejo de entrar e rezar com ele. Entrei, rezei e lembrei que a audição é o último sentido a parar; então, curvei-me e colocando a minha boca no seu ouvido comecei a falar: "Filho, não tenha medo, você vai entrar na casa do Pai; lá tudo é luz, o Pai ama você e vai lhe receber de braços abertos. Jesus morreu por você, as faltas que você cometeu, ele já as apagou, esqueceu. O Espírito Santo está com você. Por favor se solte, esta terra nada mais tem para lhe dar de bom, mas na casa do Pai tudo é luz, paz, felicidade, alegria. Não tenha medo, solte-se, caia nos braços do Pai". Depois rezei um pai-nosso e uma ave-maria e saí da UTI... Havia ficado mais ou menos uns 15 minutos. Nem dez minutos se passaram, quando a enfermeira veio dizer: "Morreu!". Entramos na UTI a mãe dele, as irmãs e eu. Uma enfermeira estava falando com o médico, que lhe perguntava: "O que aconteceu?", e ela respondeu, apontando para mim: "Não sei, esta senhora esteve aqui um tempo junto dele e depois que ela saiu os aparelhos começaram a parar e ele morreu". O médico olhou para mim e perguntou: "O que a senhora fez?".

Oh! Meu Deus, o que eu fiz? Será que ele pensou que eu tivesse tocado em algum dos aparelhos? Então com voz forte eu lhe disse: "O que fiz, doutor? Eu não fiz nada! Apenas eu disse a ele o que eu creio! Sabe o que eu creio? Creio numa vida eterna! Creio que aqui ele não poderia ter mais nada de bom; disse, então, para que ele se soltasse e caísse nos braços do Pai!". Ele olhou para mim e nada falou! A mãe e as irmãs me agradeceram chorando. Passei alguns dias muito abalada, a experiência tinha sido muito forte; nunca eu a havia experimentado: ajudar alguém a entrar na casa do Pai! Mas depois fiquei muito feliz por ter ajudado aquele jovem, aquele menino que um dia eu vira nascer, crescer, a *nascer de novo* e entrar na casa do Pai!

Sim, é dever cristão! É atitude de quem ama e de quem crê ajudar alguém a soltar as amarras que nos prendem a este mundo e entrar na casa do Pai, lá onde "nunca mais haverá morte, nem luto, nem grito, nem dor. Sim! As coisas antigas desapareceram" (Ap 21,4).

Quando o Senhor lhes der uma oportunidade igual a essa, não a deixem passar!

**3º)** *A ressurreição.* Foi para mim realmente um espanto quando li o livro do teólogo e padre François Xavier Durrwell, *Regards chrétiens sur l'au-delà*[1] [Olhares cristãos sobre o além], e vi que uma reportagem feita sobre a França pela "Panorama" diz que 44% dos cristãos-católicos regulares — isto é, que participam da missa e da eucaristia — ignoram ou não crêem na ressurreição!!!

Ora, um cristão-católico regularmente praticante quantas vezes reza o credo? Seja o credo simplificado, ou o credo de Nicéia? (ano 325 d.C.). Quantas vezes disseram ou dizem: "Espero na ressurreição da

---

[1] Durrwell, François Xavier. *Regards chrétiens sur l'au-delà*. França, Editión Médiaspaul.

carne, na vida eterna"? Rezam, mas não crêem? Rezam, mas duvidam?

O que pode significar uma vida na qual se reza tantas vezes a mesma coisa, mas não se crê, ou se duvida? Diante disso comecei a pensar nos meus retiros, principalmente nos quatro últimos anos, quando falo, medito, aprofundo-me nesse Deus uno e trino, Pai, Filho, Espírito Santo, quando recebo o corpo e o sangue do Senhor, se tudo isso não nos tem levado a ter fé e esperança na ressurreição, nesse encontro face a face com o Senhor, Deus de amor, ternura e misericórdia. De que vale tudo isso? Meu tempo é desperdiçado quando falo, e o tempo dos participantes é desperdiçado quando escutam?

Se não cremos na ressurreição, o que estamos fazendo aqui nesta terra?

Então é tudo uma farsa? Uma brincadeira? Se é assim, são Paulo tem razão: "Se a nossa esperança em Cristo é somente para esta vida, nós somos os mais infelizes de todos os homens" (1Cor 15,19).

Sendo assim, o melhor será pensar e agir como muitos? "Entregar-me à insensatez, para descobrir o que convém ao homem fazer debaixo do céu, no curto tempo da vida" (Ecl 2,3).

Ora, crer na ressurreição é o que dá sentido a nossa vida, a tudo que fazemos, a tudo que sofremos e principalmente à eucaristia que recebemos, pois é ela que nos garante ressurreição e vida eterna: "Quem come deste pão viverá para sempre. E o pão que eu vou dar é a minha própria carne, para que o mundo tenha a vida" (Jo 6,51-54).

**4º)** *Morrer e ressuscitar* não é algo instantâneo, mas algo progressivo na nossa vida terrena. Um pouco a cada dia, vamos morrendo e ressuscitando.

Pelo batismo "fomos sepultados com ele [Cristo] na morte, para que [...] assim também nós possamos caminhar numa vida nova" (Rm 6,4). Uma vida nova progressiva: a cada dia pela Palavra, pela oração e pela eucaristia vamos morrendo para nossas paixões, pecados, apegos, defeitos; e a cada dia o nosso "homem velho" vai-se despojando de tudo que não presta e o "homem novo" vai ressuscitando (cf. Ef 4,22). "Se permanecermos completamente unidos a Cristo com morte semelhante à dele, também permaneceremos com ressurreição semelhante à dele" (Rm 6,5).

**5º)** *A ressurreição de Jesus* continua acontecendo em nós.

A ressurreição de Jesus não é um acontecimento do passado, mas continua a acontecer em cada um de nós, vai se infiltrando, num trabalho de lapidação. E assim, "embora o nosso físico vá se desfazendo, o nosso homem interior vai se renovando a cada dia. Pois a nossa tribulação momentânea é leve, em relação ao peso extraordinário da glória eterna que ela nos prepara" (2Cor 4,16-17).

Então vamos procurando, aos poucos, "não as coisas visíveis, mas as invisíveis; porque as coisas visíveis duram apenas um momento, enquanto as invisíveis duram para sempre" (2Cor 4,18).

Jesus, pela sua ressurreição e por meio de seu corpo e de seu sangue que recebemos, vai nos lapidando, vai nos transformando de pedras brutas em brilhantes sem jaça. Ou seja, vai tirando o nosso coração de pedra e dando-nos um coração de carne (cf. Ez 11,19).

Assim, a eucaristia é pão de ressurreição, e é através dela que iremos progressivamente ressurgindo.

Isso também acontece com a Igreja, composta de homens e mulheres, pedras brutas que vão sendo transformadas para vir a ser: "Igreja gloriosa, sem mancha nem ruga ou qualquer outro defeito, mas santa e imaculada" (Ef 5,27).

O que nos sustenta neste mundo é saber o que diz o canto: "Sei que um dia verei a Deus. Contemplá-lo com os olhos meus, é a felicidade sem fim!".

## 4ª REFLEXÃO

# UM OLHAR CRISTÃO SOBRE O JULGAMENTO E O PERDÃO DOS PECADOS

*(Leitura: Hb 4,12-16 – ler, pausadamente, três vezes.)*

1º) Podemos dividir o nosso credo em duas partes: a primeira, "Creio em Deus, Pai todo poderoso" até "ressuscitou dos mortos"; a segunda fala em ressurreição da carne, julgamento, remissão dos pecados, vida eterna. A primeira parte é algo que aceitamos como um fato histórico, mas a segunda é mais difícil de aceitar, gera dúvidas e requer uma fé intensa, esclarecida, porque fala de um "além" no qual haverá a ressurreição da carne, o julgamento, a remissão dos pecados e a vida eterna, ou seja, fala de coisas que "o ouvido jamais ouviu e o olho jamais viu" (Is 64,4; 1Cor 2,9). Aí estamos pisando o terreno escuro da fé e da esperança.

Sempre reparo no tom de voz da comunidade nas celebrações eucarísticas. A primeira parte do credo é dita com voz forte, mas quando chegamos à segunda parte, a voz vai sumindo... porque não cremos tanto ou duvidamos daquilo que estamos dizendo. Já repararam?

É a palavra de Deus — "viva, eficaz e mais penetrante do que qualquer espada de dois gumes [...]" (Hb 4,12) — que irá aos poucos dando-nos fé e esperança nessas coisas que não vemos, ouvimos e entendemos. A Palavra ajuda a dissipar as dúvidas e a consolidar nossa confiança, fé e esperança nos acontecimentos do além.

Jesus disse: "Se vocês guardarem a minha palavra, vocês de fato serão meus discípulos; conhecerão a verdade, e a verdade libertará vocês" (Jo 8,31-32). *Libertará de quê?* — Das dúvidas, do medo, da ansiedade e consolidará nossa fé, esperança, confiança em tudo que há de vir.

**2º)** *Que tipo de juiz e de julgamento nós esperamos?* A justiça humana se realiza principalmente condenando. A justiça divina é transcendente, é muito diferente da humana porque é gratuita, é soberanamente salvífica. Ela se realiza *justificando*! Só não se realiza para aqueles que *se fecham*, que *recusam* a misericórdia dessa justiça que não condena, mas que salva, porque "Deus enviou seu Filho ao mundo, não para condenar o mundo, e sim para que o mundo seja salvo por meio dele" (Jo 3,17).

É Jesus quem salva, ele que "foi entregue à morte pelos nossos pecados e foi ressuscitado para nos tornar justos" (Rm 4,25). Essa justiça não pode ser objeto de medo, mas de esperança!

Já no Antigo Testamento, Deus se revela como aquele que salva porque faz desaparecer as faltas: "Limpei suas transgressões como se fossem névoa, e seus pecados como se fossem nuvens. Voltem para mim, porque eu sou o seu redentor" (Is 44,22).

Nosso Deus é um Deus que não sente prazer na morte de quem quer que seja (Ez 18,32), um Deus que "[volta] as costas para todos os meus pecados" (Is 38,17).

Nosso juiz é aquele cuja misericórdia nunca se aparta de nós, nem seu amor nos abandona (Is 54,10b). Nosso encontro com nosso juiz será salvífico e seu julgamento nos justificará, porque "foi entregue à morte pelos nossos pecados e foi ressuscitado para nos tornar justos" (Rm 4,25).

Tenhamos, pois, confiança! Nosso encontro será com o cordeiro de Deus "que tira o pecado do mundo" (Jo 1,29).

Como podemos temer um juiz que é nosso advogado e pede: "Pai, aqueles que tu me deste, eu quero que eles estejam comigo onde eu estiver, para que eles contemplem a minha glória [...]" (Jo 17,24).

Como temer um juiz que morreu para que não fôssemos condenados?

Ele nos julga, purificando-nos!

Só não podemos recusar a sua misericórdia!

No dia do nosso nascimento, Deus nos deu um presente: o dom da liberdade. Somos, portanto, livres, podemos aceitar ou não, recusar ou não, o seu perdão e a sua misericórdia. Por isso disse santo Agostinho: "O Deus que te criou sem ti, não poderá salvar-te sem ti".

3º) *E o purgatório?* Na nossa limitação humana, carecemos para tudo de um lugar, de um referencial. Assim costumamos dizer: "o céu está lá em cima", o "inferno está lá em baixo, nas profundezas", e o purgatório, onde estará, no meio?

Ora, sabemos que nem o céu nem o inferno são lugares, mas modalidades de vida futura. No Apocalipse lemos: "Você sabe quem são e de onde vieram esses que estão vestidos com roupas brancas?" E a resposta é: "São os que vêm chegando da grande tribulação. Eles lavaram e alvejaram suas roupas no sangue do Cordeiro" (Ap 7,13-14). Nossos sofrimentos, as tribulações nesta terra, vão nos purificando, nos "alvejando", e ao morrer, Jesus, cordeiro que tira o pecado do mundo, e já tirou o pecado do mundo na cruz, termina a nossa purificação porque "se tornou para nós sabedoria que vem de Deus, justiça, santificação e libertação" (1Cor 1,30).

Na nossa morte, Jesus é o mediador da nossa purificação, nosso purgatório! E esse "fogo do purgatório" do qual falamos, nada mais é do que o Espírito Santo de Cristo ressuscitado! Quando morremos caímos nesse fogo que nos purifica e nos lança nos braços do Pai que é amor.

Desejo que fique bem claro para todos nós: *O lugar é Cristo, o fogo é o Espírito Santo*, que joga "no fundo do mar todos os nossos pecados" (Mq 7,19).

Para mim, há muito tempo, ficou bem claro o significado do purgatório, pelas palavras do profeta Isaías sobre as quais meditei: "Ai de mim, estou perdido! Sou homem de lábios impuros e vivo no meio de um povo de lábios impuros, e meus olhos viram o Rei, Javé dos Exércitos" (Is 6,5). Assim, a nossa reação diante da grandeza e da perfeição do Deus santo será esta: "estou perdido!". Mas o relato de Isaías continua: "Um dos serafins voou até onde eu estava, trazendo na mão uma brasa que havia tirado do altar com uma tenaz. Com a brasa tocou-me os lábios, e disse: 'Veja, isto aqui tocou seus lábios: sua culpa foi removida, seu pecado foi perdoado'" (Is 6,6-7).

Para mim, o purgatório é assim! Nunca mais tive medo dele!

Diante da santidade de Deus, a tomada de consciência clara da nossa condição de pecadores, nos fará gritar: "Ai de mim, estou perdido(a)", mas logo vem a misericórdia e o amor por Cristo e pelo Espírito Santo que nos purificam: "Eu vou purificá-los de toda injustiça com que pecaram contra mim, e vou perdoar todas as injustiças que cometeram contra mim" (Jr 33,8).

Depois destas reflexões, nunca mais tive medo do purgatório!

Também os sacramentos da penitência e da unção dos enfermos já vão sendo um purgatório, e por meio da mão do sacerdote, Deus vai nos dando o perdão dos pecados e vai nos purificando desde esta terra. Quanto mais nos abrimos à graça do perdão de Deus, mais vamos sendo purificados. Dizia santa Terezinha do Menino Jesus: "Merecer consiste em receber, em amar muito" (Carta 142).

4º) Espero que já não tenhamos tanto medo e tantas dúvidas sobre o purgatório, mas para que isso aconteça, é necessário perseverança com relação à Palavra, cada dia lida, meditada. Não vai acontecer apenas em um retiro! Aqui é apenas um despertar! Perseverando na Palavra, ela irá fazendo em nós o seu trabalho: a nossa fé, esperança e confiança no amor e na misericórdia de Deus irão aumentar, e as nossas dúvidas e medos desaparecerão: "É permanecendo firmes que vocês irão ganhar a vida" (Lc 21,19). "Se vocês guardarem a minha palavra, vocês de fato serão meus discípulos; conhecerão a verdade, e a verdade libertará vocês" (Jo 8,31-32).

Então poderemos dizer como são Paulo: "Sei em quem coloquei a minha fé, e estou certo de que ele tem poder para guardar o meu depósito, até aquele dia" (2Tm 1,12b).

"Feliz é o homem que confia em Javé" (Sl 40 [39],5). "Levanta-me no dia terrível, pois eu confio em ti" (Sl 56 [55],4). "Nesse Deus eu confio, e não temerei! O que pode um homem fazer contra mim?" (Sl 56 [55],12). "Tu és o meu Deus! Em tuas mãos está o meu destino: liberta-me dos inimigos que me perseguem" (Sl 31 [30],15-16).

Habituem-se a ler, repetir, estas e outras palavras e verão se ainda terão medo e dúvidas!

## 5ª REFLEXÃO

# UM OLHAR CRISTÃO SOBRE O INFERNO E A MISERICÓRDIA

*(Leitura: Lc 15,1-7 – ler, pausadamente, três vezes.)*

**1º)** É muito importante que fique bem claro para nós: cremos realmente que Deus é pai, amor, ternura, misericórdia?

Se cremos, não podemos nem pensar que ele tenha criado o inferno, lugar de sofrimento eterno! Deus não pode criar aquilo que é a negação do seu "ser amor", pois "Deus é amor" (1Jo 4,16).

Muitas são as passagens que, no Antigo e no Novo Testamento, falam do inferno: "O fogo eterno, preparado para o diabo e seus anjos" (Mt 25,41); "Haverá choro e ranger de dentes" (Mt 24,51); e muitas outras passagens semelhantes.

Precisamos compreender a linguagem bíblica que procura nos fazer entender, por meio de imagens maravilhosas ou terríveis, o que se passa no céu ou no inferno.

Para pensarmos no céu, Isaías nos fala: "Comerão bem e saborearão pratos suculentos" (Is 55,2). O Apocalipse nos retrata o céu — a Jerusalém Celeste, revestida de ouro puro e pedras preciosas (Ap 21,18-19). Quanto ao inferno são usadas imagens horrorosas: fogo, ranger de dentes, vermes e outras. Assim, querem nos dar uma pequena imagem do que seja a felicidade da visão beatífica ou a privação dessa mesma visão.

A uma senhora que perguntara ao pároco de Ambricourt: "Padre, o que é o inferno?", ele respondeu: "Minha senhora, o inferno é não amar!".

Assim, o inferno, lugar de sofrimento, fogo, vermes, ranger de dentes, não pode ser criação do Deus amor, ternura e misericórdia! O inferno é a criação do homem e da mulher que recusam esse amor, essa ternura e essa misericórdia. "Quem não ama, permanece na morte" (1Jo 3,14). E não se trata apenas de amar a Deus, mas também de amar o irmão: "Se alguém possui os bens deste mundo e, vendo o seu irmão em necessidade, fecha-lhe o coração, como pode o amor de Deus permanecer nele?" (1Jo 3,17). E o capítulo 25 de Mateus nos mostra claramente de que constará o nosso Juízo Final. O Senhor não nos perguntará a quantas missas fomos, quantas comunhões recebemos, quantos terços rezamos e velas acendemos, mas nos dirá: "Todas as vezes que vocês fizerem a um dos menores de meus irmãos, foi a mim que o fizeram" (Mt 25,40.45).

Portanto, o inferno nada mais é do que uma recusa ao amor de Deus que deu ao homem e à mulher o dom da liberdade para que pudessem amá-lo, pois sem liberdade não há amor.

**2º)** *A luta da misericórdia contra o inferno.* Sempre medito no que Jesus quis expressar quando disse: "Meu Pai continua trabalhando até agora e eu também trabalho" (Jo 5,17).

Deus criou o homem e a mulher para a felicidade, criou todos para sua glória: "Eu, Javé, chamei você para a justiça, tomei-o pela mão, e lhe dei forma, e o coloquei como aliança de um povo e luz para as nações" (Is 42,6-7). E santo Irineu (século 2º) disse: "A glória de Deus é o homem vivo", e não o homem morto sofrendo eternamente no inferno! "Por acaso, eu sinto prazer com a morte do injusto? [...]. O que eu quero é que ele se converta dos seus maus caminhos, e viva" (Ez 18,23). "Ele quer que todos os homens sejam salvos e cheguem ao conhecimento da verdade" (1Tm 2,4).

Para essa salvação e esse "conhecimento da verdade", Deus empregará todo o seu potencial de amor, ternura e misericórdia. Creio que foi por isso que Jesus disse: "O Pai trabalha sempre e ele também trabalha" nessa luta incansável da misericórdia contra o inferno!

Jesus, bom pastor, estará sempre à procura da ovelha desgarrada e, achando-a, vai carregá-la nos ombros com grande alegria!

Santa Teresa D'Ávila disse: "O homem vai se cansar de pecar antes que Deus se canse de perdoar!". E santa Teresinha do Menino Jesus completou: "Quero passar meu céu, fazendo o bem sobre a Terra". Que bem é esse que ela quer fazer? Certamente é ajudar o bom pastor a procurar a ovelha perdida, desgarrada, para que ela encontre Jesus e se entregue à sua misericórdia e ao seu perdão.

E Nossa Senhora não está ela também lutando para reconduzir todas essas ovelhas que ele na cruz lhe entregou na pessoa de João: "Mulher, eis aí teu filho"? Poderá ela querer que algum de seus filhos vá para o inferno?

Podemos ter certeza de que todos estão trabalhando nessa luta do amor e da misericórdia contra o inferno.

**3º)** *Quem irá para o inferno?* No livro de Rubem Alves, *O amor que acende a lua*,[1] há um capítulo sobre a pipoca. Diz ele: "A pipoca é feita de um milho duro que se transforma em pipoca macia que parece uma flor desabrochada. Mas a transformação só acontece pelo poder do fogo". Então ele faz uma comparação: "Assim acontece com a gente, quando aceitamos passar pelo fogo do sofrimento e das provações, a transformação acontece! Como o fogo faz o milho se abrir e virar pipoca macia, nós também vamos nos transformando, mas é preciso deixar de ser isso para ser aquilo". Mas há um milho que o mineiro chama de piruá (pode-se verificar no *Aurélio*) que se recusa a abrir, estourar, sob a ação do fogo; ele não vira pipoca macia. Do mesmo modo, piruá são as pessoas que, por mais que o fogo esquente, se recusam a mudar, como o milho. Elas não se transformam em pipoca macia, flor desabrochada! O milho piruá que não estoura no fogo para nada serve, vai para o lixo.

Recebi esse livro de Rubem Alves no Natal e levei-o para ler no meu descanso na praia. Antes de começar a preparar o retiro deste ano, li justamente o capítulo sobre a pipoca, que me deu a resposta para a

---

[1] Alves, Rubem. *O amor que acende a lua*. São Paulo, Paulus.

questão: "Quem vai para o inferno"? Deus é realmente o meu grande colaborador! No meu trabalho é ele quem vai me dando a inspiração! Afinal o trabalho é dele e para ele!

O livro de Rubem Alves — maravilhoso —, no capítulo sobre pipoca e milho piruá, mostrou-me que vai para o inferno todo aquele que se recusar a abrir-se ao fogo do amor e da misericórdia de Deus, porque não "estoura", ou seja, recusa-se a aceitar esse amor e essa misericórdia e vai para o lixo, ou para o inferno.

Portanto, só haverá inferno para aqueles que recusarem o amor e a misericórdia desse Deus que "amou de tal forma o mundo, que entregou o seu Filho único" (Jo 3,16) "não para condenar o mundo, e sim para que o mundo seja salvo por meio dele" (Jo 3,17).

Assim, Deus, percebendo o menor indício de abertura por parte do pecador, o acolhe como acolheu ao bom ladrão: "Jesus, lembra-te de mim, quando vieres em teu Reino" (Lc 23,42). A resposta foi imediata: *hoje mesmo*. "Eu lhe garanto: hoje mesmo você estará comigo no Paraíso" (Lc 23,43).

Deus não tem meias medidas, sua misericórdia é total e infinita, por isso mesmo ninguém pode ousar dizer que alguém está no inferno! Nem mesmo Judas, a Igreja ousou dizer até hoje que ele está no inferno!

Quem pode saber o que se passou entre a misericórdia e aquele homem que antes de se enforcar, reconheceu: "Pequei, entregando à morte sangue inocente" (Mt 27,4). O que se passa nessa última hora entre Deus e a pessoa é mistério, mistério, mistério!

Um dia teremos muitas surpresas! Jesus avisou: "Os cobradores de impostos e as prostitutas vão entrar antes de vocês no Reino do Céu" (Mt 21,31b). Então veremos esse incansável trabalho, essa luta entre a misericórdia divina e o inferno.

Não precisamos ter medo do inferno, precisamos amar, abrir-nos ao amor, à misericórdia e ao perdão de Deus: "Pois o seu amor por nós é firme, e sua felicidade é para sempre" (Sl 117 [116],2). "Com imensa compaixão torno a reuni-la" (Is 54,7). "Meu amor nunca vai se afastar de você" (Is 54,10).

Se não formos milho piruá, podemos ficar tranqüilos, não iremos para o inferno, ele não existirá para nós!

## 6ª REFLEXÃO

# O REINO DOS CÉUS

*(Leitura: Ap 21,1-4 – ler, pausadamente, três vezes.)*

**1º)** *Linguagem teológica*. Nas Sagradas Escrituras, o mundo da ressurreição tem o nome de "Reino dos Céus", a teologia o chama de Parusia e na linguagem corrente chamamos de céu.

Para Jesus, o céu é a casa do Pai: "Existem muitas moradas na casa de meu Pai" (Jo 14,2). É o Pai que constrói, nela habita e encontra seu repouso; ele a edifica em Cristo (cf. Ef 1,3); o Filho, Cristo, é o céu do Pai: "Deus construiu para ele mesmo uma morada na qual ele habita e encontra sua felicidade: o Filho que ele gera no seu infinito poder de amar que é o Espírito Santo, no qual Deus conhece a alegria da paternidade".[1]

Mas Deus não reserva o céu só para ele, mas o abre para todos os homens e mulheres, para que eles

---

[1] DURRWEL, F. Xavier. *Pai, Deus em seu mistério*. São Paulo, Paulus.

participem do amor, da felicidade que reina entre a Trindade: Pai, Filho e Espírito Santo (cf. Ef 1,4-10).

O céu é trinitário: uma pessoa que é o Pai, que gera o Filho que é a segunda pessoa, que tudo recebe do Pai: "O Filho não pode fazer nada por sua própria conta" (Jo 5,19), e o Espírito Santo é a pessoa que trabalha, ensina e recorda: "Ele ensinará a vocês todas as coisas e fará vocês lembrarem tudo o que eu lhes disse" (Jo 14,26).

Jesus é a porta (cf. Jo 10,9) que nos faz penetrar no céu, isto é, no colo do Pai: "Ninguém vai ao Pai senão por mim" (Jo 14,6). É a força do Espírito Santo que leva, que conduz: "O Espírito de Javé os guiava para o repouso" (Is 63,13-14).

**2º)** *Linguagem de Jesus.* A linguagem teológica é muito bela e profunda, mas não foi ela que Jesus usou para falar às multidões sobre o Reino dos Céus; pelo contrário, procurou, na simplicidade, falar a todos que o escutavam, usando de imagens, de sinais, para que todos compreendessem. Falou da felicidade que experimentarão os "servos fiéis" que lá chegando "os fará sentar à mesa, e, passando, os servirá" (Lc 12,37). Falou de um rei que no seu reino preparou uma festa de casamento para o filho (cf. Mt 22,2). Falou que no seu reino ele nos preparará um lugar para que fiquemos com ele (cf. Jo 14,3), e ficaremos alegres, e essa alegria ninguém tirará de nós (cf. Jo 16,22). E ao escutarem Jesus, todos aqueles que tinham olhos para ver, ouvidos para ouvir, coração aberto para acolher sua Palavra, entendiam tudo que ele falava. Outros, nada compreenderam porque "o coração desse povo se tornou insensível" (Mt 13,15).

**3º)** *Linguagem da sabedoria do coração*. Foi dos pequeninos e dos simples que Jesus disse: "Eu te louvo, Pai, Senhor do céu e da terra, porque escondeste essas coisas aos sábios e inteligentes, e as revelaste aos pequeninos" (Lc 10,21).

A teologia e a filosofia são belas e necessárias. Quem puder e quiser, estude-as e nelas se aprofunde; mas não são elas que nos dizem o que é o céu!

a) Para saber o que é o céu, começo pensando o que poderá saber uma criancinha no ventre materno; tudo para ela é desconhecido. Ao nascer e crescer, tudo para ela será uma surpresa. No útero materno, ela apenas vive, se desenvolve, come, se mexe, tem alguma percepção do ambiente externo, mas realmente nada sabe em relação ao que descobrirá quando nascer e for crescendo. Ela nasce pensando: "Como será lá fora?". Também nós, vivendo neste grande útero que é o mundo, nascemos, crescemos, comemos, bebemos, estudamos, trabalhamos, mas ficam sempre as perguntas: *Como será depois?*, *O que haverá?*, *Haverá?*, *E se não houver?*.

b) Duas frases da Sagrada Escritura me tranqüilizam: "O ouvido jamais ouviu e o olho jamais viu que um Deus além de ti tenha feito tanto por aqueles que nele confiam" (Is 64,3; 1Cor 2,9). Assim, não me preocupo em entender e querer saber algo que Deus já disse que eu ainda não posso ver, escutar e entender.

A segunda frase é: "Felizes os que acreditaram sem ter visto" (Jo 20,29). Portanto, prefiro ser feliz, vou antegozando a felicidade, a alegria que irei experimentar um dia, ao ver, ouvir e entender o que aqui não vejo, ouço, entendo, mas creio no Filho de Deus e, crendo, já tenho a Vida Eterna (cf. 1Jo 5,13). E como diz são Paulo: "Agora vemos como em espelho, e de maneira confusa, mas depois veremos face a face" (1Cor 13,12;Hb 10,1).

**4º)** *Linguagem eucarística*. A eucaristia me garante o céu: "Tomem e comam, isto é meu corpo [...]. Bebam dele todos, pois isto é o meu sangue [...] até o dia em que, com vocês, beberei o vinho novo no reino do meu Pai" (Mt 26,26-29; Mc 14,22-25; Lc 22,15-20). Está, portanto, garantido: beberei de novo com ele no Reino dos Céus, na casa do Pai!

"Quem comer deste pão viverá eternamente" (Jo 6,51). Portanto, a eucaristia que recebemos tem sabor de "Vida Eterna" no céu. Ela nos faz imaginar como será a refeição na casa do Pai, da qual ela é a primeira, a realização do: "Eu janto com ele, e ele comigo" (Ap 3,20).

5º) *Linguagem da natureza*: para mim, muito forte é a linguagem da natureza! Ela tem sinais de céu! Quando estou a cada ano no meu descanso na praia, esses sinais são muito fortes.

Há dias em que a natureza se veste de esplendor: o céu azul, sem uma nuvem, fala do brilho esplendoroso da vossa majestade e publica vossas maravilhas (cf. Sl 145 [144],5-6). Narram os céus a glória de Deus (Sl 19 [18],1). E que dizer do mar com sua grandeza, força e majestade? Esse "vasto mar, com braços imensos, onde se movem, inumeráveis, animais pequenos e grandes" (Sl 104 [103],25). E os pássaros voando, cantando alegres, despreocupados, "que não semeiam, não colhem, nem ajuntam em armazéns", porque sabem que "o Pai que está no céu os alimenta" (Mt 6,26). E os coqueiros, tranqüilos e obedientes ao menor impulso da brisa, nunca indo contra o vento, mas sempre para o lado que ele sopra? Então vejo que em toda a natureza há sinais do que "o Senhor tem preparado para aqueles que o amam e confiam em seu amor". Olhando a natureza sei que o céu existe e então posso cantar: *Quão grande és tu* [...] e que um dia: "Quando Jesus vier em glória e ao lar celeste enfim me transportar, o adorarei, prostrada e para sempre, quão grande és tu, meu Deus, hei de cantar!".

Diante de todas essas linguagens, eu não preciso da Teologia, nem de muitas explicações para acreditar, com absoluta certeza, que o céu existe!!!

Prefiro crer como santa Terezinha do Menino Jesus: *O céu, é Jesus*!. O céu não é um lugar, mas Jesus é o meu céu!

Dia virá em que este nosso "corpo, sinal do amor de Deus", deixará esta tenda em que habita neste mundo e receberá uma casa preparada por Deus (cf. 2Cor 5,1). Então, uma insaciável sede vai se apoderar de nós, porque a beleza e a felicidade divinas são inesgotáveis, e poderemos beber da sua fonte e dela ter sempre sede: chegando ao término, estaremos sempre começando!

Santa Terezinha do Menino Jesus expressa muito bem isso em uma de suas poesias:

> "Eu o amarei sem medida e sem lei,
> E minha felicidade aparecerá
> Sempre tão nova,
> Como da primeira vez!" (poesia 33).

Ao chegarmos ao céu, extasiados, diremos como Jó: "Eu te conhecia só de ouvir. Agora, porém, os meus olhos te vêem" (Jó 42,5). Ou diremos como a rainha de Sabá, diante da glória do rei Salomão: "Eu não queria acreditar no que diziam antes de vir para ver com meus próprios olhos. O que me contaram não é nem a metade: sua sabedoria e riqueza são muito maiores do que eu tinha ouvido!" (1Rs 10,4-8).

# EXPERIÊNCIA DE ORAÇÃO MEDITATIVA

Nós não somos dois extremos justapostos: o extremo do corpo e o extremo do espírito coexistindo. Temos um princípio de unidade que gera harmonia e equilíbrio em todo o nosso ser. Carecemos de alimento para o corpo e de alimento para o espírito para que haja em nós essa harmonia e esse equilíbrio.

A oração é o alimento, a vida do Espírito de Jesus dentro de nosso corpo humano: por meio da unção do Espírito somos incorporados ao corpo de Cristo e, por este, retornamos ao Pai plenamente despertados.

Na oração não somos nós que estamos procurando Deus, é ele que já nos encontrou. Nós mesmos não fazemos nada, simplesmente permitimos que ele aja em nós, escutamos sua Palavra dentro de nós. Nosso único trabalho na oração é: repetir a palavra que escolhemos para ser nossa *palavra de oração*.

Orar como Jesus orou

"Subiu sozinho ao monte, para rezar" (Mt 14,23).

"De madrugada, quando ainda estava escuro, Jesus se levantou e foi rezar num lugar deserto" (Mc 1,35).

"Jesus foi para a montanha a fim de rezar. E passou toda a noite em oração a Deus" (Lc 6,12).

"Ó Pai! Tudo é possível para ti! Afasta de mim este cálice! Contudo, não seja o que eu quero, e sim o que tu queres" (Mc 14,36).

"Jesus se afastou de novo e rezou, repetindo as mesmas palavras" (Mc 14,39).

Orar como Jesus mandou

"Quando você rezar, entre no seu quarto, feche a porta e reze ao seu Pai ocultamente" (Mt 6,6).

"Quando vocês rezarem, não usem muitas palavras" (Mt 6,7).

"Vocês devem rezar assim: Pai nosso [...]" (Mt 6,9-13).

"Vigiem e orem para não cair na tentação" (Mc 14,38).

"Rezem por aqueles que caluniam vocês" (Lc 6,28).

O que é necessário para orar

1º) Saber que é o Espírito Santo quem reza em nós: "O Espírito vem em auxílio da nossa fraqueza, pois nem sabemos o que convém pedir; mas o próprio Espírito intercede por nós com gemidos inefáveis" (Rm 8,26).

2º) Invocar o Espírito Santo (cantando ou rezando).

3º) Aceitar ser amado(a) por Deus, e já ter sido procurado(a) por ele.

4º) Sentar-se confortavelmente: costas apoiadas, braços e pernas relaxados, olhos fechados. Respirar calma e regularmente.

5º) Comece a repetir a palavra que você escolheu para ser sua palavra de meditação. O nome dado a essa palavra na tradição oriental é *mantra*.

6º) Nunca troque o mantra que você escolheu para ser sua palavra de oração. Se começar a trocar de mantra, estará atrasando seu progresso na oração meditativa.

7º) Não se preocupe com seus pecados, nem com suas faltas passadas: "Esqueço-me do que fica para trás e avanço para o que está na frente. Lanço-me em direção à meta, em vista do prêmio do alto, que Deus nos chama a receber em Jesus Cristo" (Fl 3,12-13).

8º) Não procure avaliar seus progressos na oração. O avaliador é Deus! Você apenas repetirá, cada dia, seu mantra.

9º) Não importa se você está ou não com vontade de rezar: Deus sempre está com vontade de estar com você.

10º) Não é necessário experimentar nada durante a oração. Se experimentar, louve e agradeça. Se não experimentar, louve e agradeça também. Não esqueça que "Você é uma vela que ele acende e apaga quando quer" (santa Teresa D'Ávila).

11º) Faça isso *todos* os dias, de preferência no mesmo local e no mesmo horário. Tempo de duração de repetição do mantra: 20 minutos.

12º) O importante na oração meditativa é a fidelidade. A repetição diária do mantra é a garantia do seu progresso na oração e esta será a fonte de sua paz, segurança, equilíbrio, harmonia. "Se você levar a sério a oração, será introduzido na 'oração de quietude', dentro de um espaço de tempo relativamente curto — seis meses ou um ano" (santa Teresa D'Ávila). O mantra acalma a mente e convida todas as nossas faculdades a se concentrarem em um único ponto:

*Deus:* "Aquele que se une ao Senhor, forma com ele um só espírito" (1Cor 6,17).

13º) Se você tem dificuldade de dormir (por vários motivos), mesmo já deitado(a), repita seu mantra. Você acabará adormecendo. Também poderá antes de se deitar rezar o Salmo 4,9: "Em paz me deito e logo adormeço, porque só tu, Senhor, me fazes, viver tranqüilo". (É eficaz e mais barato do que um tranqüilizante.)

14º) A grande preocupação: "*amar cada dia mais e concretizar esse amor amando e servindo os irmãos*".

## Mantras (Escolha um para ser o seu)

"Vem, Senhor Jesus" (Ap 22,20) (Maranatha).

"Meu Senhor e meu Deus" (Jo 20,28).

"Mestre, eu quero ver de novo" (Mc 10,51).

"Senhor, dá-me dessa água" (Jo 4,15).

"Abba, Pai! Tudo é possível para ti!" (Mc 14,36).

"Meu Deus, tem piedade de mim, que sou pecador!" (Lc 18,13).

"Fala, que o teu servo escuta" (1Sm 3,10).

"Aqui estou. Envia-me!" (Is 6,8).

"Senhor, que queres que eu faça?" (At 9,6).

"Minha alma proclama a grandeza do Senhor" (Magnificat) (Lc 1,46).

## Caso tenha dificuldade de se sentir amado por Deus

Antes de começar a dizer seu mantra, leia:

- Jr 31,3
- Is 43,1-5
- Is 46,3-4
- Is 49,15-16
- Dt 32,10-12

# AUXÍLIO BIBLIOGRÁFICO

Certamente o retiro faz bem, desperta, ajuda, mas é necessário depois que cada pessoa faça o seu trabalho individual para ir crescendo. Por isso, ????? a seguir alguns livros que me ajudaram a prepará-lo:

ALVES, Rubem. *Creio na ressurreição do corpo*. São Paulo, Paulus.

—————. *Amor que acende a lua*. São Paulo, Paulus.

DURRWELL, François Xavier. *Regards chrétiens sur l'au-delà*. França. Editión Médiaspaul.

—————. *Pai, Deus em seu mistério*. São Paulo, Paulus.

EMMANUELLE, Soeur. *Jésus teel que je le connais*. França, Editions J'ai lu.

MIRANDA, Evaristo Eduardo de. *Corpo:* território do sagrado. São Paulo, Loyola.

O'DONOHUE, John. *Anam Cara*: sabedoria celta. Rio de Janeiro, Rocco.

OVERBECK, Carmita. *Riqueza do sofrimento*. São Paulo, Paulinas, 1983.

ROY, Ana. *Tu me deste um corpo*. São Paulo, Paulinas, 2000.

\*\*\*

São Pedro recomenda: "Reconheçam de coração o Cristo como Senhor, estando sempre prontos para dar a razão de sua esperança a todo aquele que pede a vocês" (1Pd 3,15b).

São Paulo recomenda: "Examinem tudo e fiquem com que é bom" (1Ts 5,21).

Como podemos responder, ensinar, se não nos prepararmos, se não nos examinarmos?

## APÊNDICE
# I – VINTE ANOS SE PASSARAM... ERA 11 DE ABRIL DE 1981

Vinte anos! Parece que foi ontem! É que a memória do coração é muito forte, guarda todos os detalhes! Foi tudo tão rápido, nem houve tempo para um beijo de despedida! O Senhor um dia avisou: "O Filho do Homem vai chegar na hora em que vocês menos esperarem" (Lc 12,40). Foi assim!

Quando Hermann partiu, pensei que dentro de pouco tempo eu também partiria! Vinte anos se passaram e ainda estou aqui!

Nesse 11 de abril de 2001 passei o dia no passado, que, embora longe, estava tão perto!

Voltei ao dia 6 de abril de 1981, uma segunda-feira, quando dom Romer e eu voltávamos de Ilhéus. Tínhamos ido ministrar um retiro, comemorando os dez anos da implantação do Movimento de Cursilho naquela diocese. Dom Romer, antes de voltar para o Rio à tarde, almoçou em nossa casa. Durante o almoço, não sei por que, a conversa foi sobre a Semana Santa que já começaria no domingo seguinte: Domingo de Ramos, dia 12.

Então Hermann disse:

— Não gosto dos sermões da sexta-feira santa.

— Por quê? — perguntou dom Romer.

— Geralmente os padres falam muito mal sobre os sofrimentos de Jesus. A gente nem percebe o quanto ele sofreu! Às vezes tenho vontade de falar.

— E por que não fala? Deve falar! Aqui em frente, nessa capela, peça ao padre para falar.

— Ah! Dom Romer, eu não sou como Carmita que com tanta facilidade abre a boca e fala! Eu me atrapalho, fico emocionado...

— Pois então escreva. Será fácil ler o que escrever. Experimente!

A conversa ficou por aí... Depois do almoço fui levar dom Romer ao aeroporto.

Mas na sexta-feira, 10 de abril, antevéspera do Domingo de Ramos, à tarde, ao voltar do escritório, Hermann chegou com uma caixa, a qual abriu e me mostrou seu conteúdo: um lindo paletó branco. Ele disse:

— Comprei para a festa dos 15 anos de Kátia, amanhã. Depois que ela dançar a valsa com o pai, vou dançar com ela! — Ele gostava muito de dançar, principalmente valsa.

— É lindo, e que bom que comprou o branco, você só compra marrom ou azul-marinho — respondi. Entregou-me, então, duas folhas de papel, dizendo:

— Resolvi fazer o que dom Romer disse: escrevi e vou pedir ao padre Edson se eu posso ler na capelinha na sexta-feira santa.

E acrescentou:

— Leia, veja se está bom e coloque aí a localização das duas citações do Êxodo e do evangelho de são João que não me lembro.

Li, achei ótimo, coloquei as citações e devolvi a ele os papéis.

No sábado, dia 11, à noite, depois da ceia, descansamos antes de ir para a festa e, nesse descanso, "Jesus, como um ladrão", veio e levou o meu Hermann para uma outra festa, a festa que é sem fim!

Com o lindo paletó branco ele foi para o caixão! Durante a madrugada, olhando para ele ali, tão sereno, vestido com aquele lindo paletó branco, de repente as palavras do Apocalipse subiram do coração, onde estavam armazenadas, para a minha mente: "*O vencedor vestirá a roupa branca. E o nome dele não será apagado do livro da vida*" (Ap 3,5). Quem é o vencedor? É o homem fiel! Hermann foi um vencedor, fiel até o fim!

Foi por isso que ele não comprou o paletó marrom, nem azul-marinho, comprou o branco! Assim, dos inúmeros presentes que ele me deu durante os 45 anos da nossa união, esse foi o último, o mais precioso, "a veste branca", sinal, garantia para mim da entrada dele na casa do Pai.

Mais tarde, na hora da missa de corpo presente, antes que dom Tepe, que viera de Ilhéus, começasse a celebração, de repente, lembrei-me do que Hermann havia escrito! Pedi a dom Tepe que esperasse um pouco, fui ao gabinete de Hermann, peguei os papéis e, voltando para a sala, apesar do sofrimento e da emoção, com voz clara li o que ele havia escrito, e que começava assim: "Meus irmãos desejei tanto dizer...".

Quando eu terminei de ler, dom Tepe disse: "O morto falou!". Falou porque já não estava mais morto, mas ressuscitado!

Hoje, vinte anos depois, resolvi dividir com minhas filhas, meus netos, bisnetos e amigos o que ele quis tanto dizer. E aqui deixo para vocês, leitores amigos, que perto ou longe fazem parte da minha vida, o texto de Hermann:

*Meus irmãos,*

*Há muito quero dirigir-me a vocês neste dia em que celebramos a sua morte, em que ele foi humilhado por nós. Isso todos nós sabemos desde os nossos primeiros dias — faz parte de nossa fé. Todavia, será que avaliamos realmente o que ele sofreu, moral e fisicamente, ele que viu destroçada toda a sua obra, tudo ruir? Ele que foi traído, ridicularizado, que ficou reduzido apenas a alguns amigos e seguidores, que, mesmo eles, duvidaram dele e de tudo o que ele ensinara?*

*Mas não é disto que hoje lhes quero falar; quero falar de:*

*Jesus que foi crucificado e morreu na cruz.*

*Acostumamo-nos a esta visão, embora horrorizados. Vemos o Cristo pregado na cruz morto. No entanto, será que realmente avaliamos o seu padecimento do ponto de vista moral e físico?*

*A crucifixão era, naquela época, o maior castigo e a maior humilhação que poderiam ser aplicados, e somente aos não-romanos. Para um judeu era ainda mais humilhante, pois a execução da pena era com o corpo nu, e a nudez pública significava uma das maiores vergonhas a que poderia ser exposto.*

*Contrariamente ao que estamos acostumados a ver, os pregos não eram postos nas palmas das mãos, e sim no pulso do condenado, pois, de outra forma, as mãos se rasgariam por não suportarem o peso do corpo suspenso. Havia, também, uma outra razão para isto, um pouco mais sofisticada, mais cruel, mais sádica. No pulso passa um nervo, e bem junto dele é que se fincava o prego: qual-*

*quer movimento feito, o próprio peso do corpo suspenso provocava uma dor alucinante, que poderíamos comparar à "dorzinha" que sentimos quando tocamos no nervo exposto de um dente. Só que ali a dor era constante. Procurando alívio, o condenado fazia força nos pés, também pregados na cruz, procurando elevar-se um pouco; as dores nos pés, porém, não permitiam que permanecesse por muito tempo nessa posição. E assim era obrigado a ficar num constante vai e vem. A própria posição de estar suspenso na cruz, forçava o condenado a fazer o referido movimento, pois o peso do corpo puxava-o para baixo. Os braços doíam insuportavelmente e a permanência do condenado nessa posição não lhe permitia que enchesse os pulmões de ar.*

*Faltava-lhe o ar. Isso tudo determinava que o condenado fizesse constantes movimentos, aliviando partes do corpo, piorando, porém, outras. A posição na cruz implicava a acumulação de água nos pulmões; daí a redução crescente da capacidade respiratória, e a marcha para uma lenta agonia, cuja duração dependia da resistência física de cada condenado. Para Jesus, em vista dos sofrimentos físicos que antecederam à crucifixão, o fim chegou relativamente rápido.*

*Havia um período determinado para que uma crucifixão chegasse ao fim. Esgotado esse tempo, eram quebradas as pernas do condenado — que impedido de executar os movimentos à procura de alívio, finalmente morria.*

*Jesus, vindo a morrer antes, não sofreu este último suplício, e assim se realizou o que estava profetizado no Livro do Êxodo 12,46 e depois relatado no evangelho de são João 19,23.*

*Era isto o que queria lhes dizer, hoje, dia da sua morte.*

*Lembrem-se disto!*

*E lembrem-se disto cada vez que olharem para o crucifixo!*

*Hermann Overbeck*

(Escrito na sexta-feira, 10/4/81, véspera de sua morte, ocorrida na noite de 11/4/81.)


A Irmã Jeanne-Marie, grande amiga de meu marido, ao ler o texto disse: "Meu Deus! Como aquele homem tão alegre e brincalhão conseguiu penetrar tão profundamente nos sofrimentos de Jesus e escrever isto?".

É que o que passa na intimidade, no profundo do coração de uma pessoa com Jesus, só ela o sabe!

# II – ONZE ANOS SE PASSARAM...

No dia 11 de agosto de 1990, de madrugada, meu carro, um Fusca, "o verdinho", como eu o chamava —, foi roubado. No meu livro *Viverás em mim*,[1] relato esse fato.

No dia 11 de setembro, exatamente um mês depois do roubo, recebi de presente um Uno Mille, branquinho, e passei a chamá-lo de "Eucaristia", porque ele era para mim um "pão" feito de muitos grãos de trigo espalhados em muitos lugares por onde tenho andado, um pão feito com a farinha do amor de muitos amigos, de muitos filhos e filhas que o Senhor tem colocado no meu caminho.

E agora, 11 anos depois, novamente meu carro branquinho foi roubado! Foi no dia 18 de setembro de 2000. Tinha chegado pela manhã à casa de Retiro São Francisco para dar um retiro. Estacionei numa garagem do jardim e, quando o retiro acabou no domingo à noite, procurei meu carro, mas tinha sido roubado! Coisa que jamais aconteceu ali!

---

[1] OVERBECK, Carmita. *Viverás em mim*. São Paulo, Paulinas, 1991.

Diz são Paulo: "Todas as coisas concorrem para o bem dos que amam a Deus, daqueles que são chamados segundo o projeto dele" (Rm 8,28). E eu creio que assim seja!

Depois de passados os primeiros momentos de perplexidade, as perguntas foram surgindo: "Por que e, principalmente, para que o Senhor, novamente, havia permitido que meu carro fosse roubado?".

Para que eu, mais uma vez, recebesse de presente um carro novo? Não!

Essa pergunta foi logo descartada, pois Deus é a eterna novidade, não se repete! Certamente o motivo era outro e eu tinha de descobrir.

Durante os dois meses em que o Detran e a seguradora passaram resolvendo o problema, muita coisa foi passando pela minha cabeça...

Uma das coisas que mais me preocupavam era como eu iria diariamente à minha missa, da qual não posso abrir mão, é o ar que respiro, o alimento que me sustenta. Ir todos os dias de táxi? Minha renda é limitada, quanto isso iria me custar? Seria melhor, quando o seguro pagasse, comprar outro carro? Resolvi, a cada manhã na minha hora de oração, perguntar ao Senhor: "Para que você deixou que roubassem meu carro? Havia tantos carros lá! Por que foi o meu o escolhido?".

Mas, como diz o profeta Isaías: "Toda manhã ele faz meus ouvidos ficarem atentos para que eu possa ouvir como discípulo" (Is 50,4b). Era isso que eu tinha de fazer: de ouvidos abertos, escutar como discípulo o que o Senhor iria me dizer.

Os dias foram passando e nada de resposta! Mas no dia 12 de setembro — 22 dias depois do roubo — veio a primeira resposta: estava fazendo a minha meditação no Ofício das Leituras, era a 23ª semana do Tempo Comum, e o texto que eu estava lendo era do profeta Habacuc (profeta pouco conhecido) e dizia: "Vou ficar de guarda [...] vou ficar espionando para perceber o que Javé vai me falar" (Hab 2,1). Li uma segunda e terceira vez... depois passei para o versículo 5 que dizia: "Se demorar, espere-a, pois certamente ela virá e não atrasará". Não havia dúvida, era o Senhor que ali estava me respondendo e eu tinha de ficar prestando atenção, a resposta viria!

Nesse mesmo dia, à noite, fui jantar em casa de Emídia — uma "filha" muito querida —, pois era aniversário do marido dela, Costa — também um "filho" querido. Lá chegando a conversa foi sobre o carro. Costa perguntou:

— Já achou o carro? Vai comprar outro?

— O carro não foi achado e também não sei se vou comprar outro.

— Por que não compra outro? Como vai ficar sem carro? Vai lhe fazer muita falta.

— Sei que vai fazer falta, mas estou esperando uma resposta.

— Resposta? De quem?

— Do "alto", o Senhor vai me responder.

E contei a ele o que havia lido na meditação da manhã. Então Costa me disse:

— Eh! minha mãe sempre dizia: "Quando uma coisa que chamamos ruim nos acontece, é Deus livrando a gente de uma pior".

Voltei para casa pensando nas palavras da mãe de Costa... Uma coisa pior? O que poderia ser? Uma batida? Um desastre? Um assalto?

Essa resposta vinda de Costa também devia ser o Senhor falando para mim. Tomei nota disso junto do que já havia escrito sobre as palavras do profeta Habacuc...

Alguns dias depois, um amigo de Aracaju, Henrique, telefonou:

— Carmita, roubaram seu carro? Vou lhe mandar um carro novo. Quando o seguro pagar, você me paga.

— Não mande, por favor, ainda não sei se vou comprar outro carro.

— Como vai ficar sem carro? Você precisa de carro.

— Eh! mas ainda não resolvi, estou esperando uma resposta...

— Resposta? De quem?

— Lá do "alto", o Senhor vai me dizer o que é melhor para mim. Aguarde.

Enquanto o tempo passava, eu ia andando de táxi e comecei a ficar preocupada com o dinheiro... Resolvi, a cada dia, tomar nota do que gastava... No fim de dez dias, somei: deu quase mil reais!!! Então, concluí: "Não vou agüentar essa despesa. Creio que será mesmo melhor comprar outro carro".

Mas dois dias depois, Othon, meu genro, e minha filha Martha chegaram do Rio para uma homenagem a Othon pelos seus 40 anos como ator. Ele me disse:

— Como a senhora gosta muito de santa Teresa D'Ávila, encontrei algo muito interessante sobre ela, trouxe para a senhora. Entregou-me um papel e li:

*Os dez cruzados de santa Teresa*

Preparava-se santa Teresa para partir. Uma das religiosas perguntou-lhe que ia fazer.

— Fundar um novo mosteiro.

— E tens algum dinheiro? Tens algum recurso para isso?

— Dez cruzados!

— Ora, dez cruzados! — protestou atônita a religiosa — É muito pouco. Que poderá fazer Teresa com dez cruzados?

— Sim, minha irmã — replicou a santa —, tens razão. Teresa e dez cruzados são muito pouco; porém Deus, Teresa e dez cruzados são tudo!

Era mais uma resposta! Não precisava me preocupar com o que teria de gastar com táxis! Nem precisava comprar novamente um carro! Carmita com Deus sempre vai ter o dinheiro necessário para o táxi! A partir desse dia resolvi que, quando o seguro pagasse, não compraria mais um carro.

Mas mesmo assim ainda recebi outro recado. Quando ministrei um retiro em Maceió, um casal que há muito tempo não via — Rafale e Dayse — iria participar do retiro. Foi uma grande alegria para mim. Ao final do retiro, Dayse ao se despedir me disse:

— Trouxe um presente para você, é um anel. Será que você vai usar?

— Vou. Por que um anel?

— Por causa do que está gravado.

— O que está gravado?

— "O Senhor é meu pastor, nada me faltará!"

— Vou usar agora!

Ela me entregou o anel e eu o coloquei no dedo e até hoje ando com ele!

Em dezembro, indo ao Rio para os 25 anos de Sagração Episcopal de dom Romer, contei a ele sobre o roubo do meu carro e todos os recados do Senhor. Ele me disse:

— Sabe, madre, ultimamente, sempre que rezo pela senhora, tenho pensado: "não será que já é chegada a hora de a madre deixar de dirigir?".

Dei uma risada! Antes de dom Romer, o Senhor também havia pensado e certamente foi esse o motivo pelo qual ele permitira o roubo do meu carro! Assim mais uma vez as palavras de são Paulo estavam confirmadas: "Todas as coisas concorrem para o bem dos que amam a Deus, daqueles que são chamados segundo o projeto dele" (Rm 8,28).

Terminou a "novela" do meu "Eucaristia", mas muitas outras palavras ficaram mais uma vez confirmadas: "O Pai de vocês, que está no céu, sabe que vocês precisam de tudo isso" (Mt 6,32); "Não se preocupem com o dia de amanhã, pois o dia de amanhã terá suas preocupações" (Mt 6,34); "O Senhor sustenta o órfão e a viúva (Sl 146 [145],9). Também gosto de pensar no que aconteceu à viúva de Sarepta (relatado em 1Rs 17,7-16). A pobre viúva já não tinha quase mais nada de farinha na panela, nem azeite na ânfora, mas obedeceu ao profeta Elias e fez pão para ele com esse pouco que tinha, e "a farinha não se acabou na panela, nem se esgotou o óleo da ânfora".

Quanto a mim, o dinheiro não tem faltado para ir de táxi a minha missa diária e a todos os lugares que eu preciso ir! E tem mais: de outubro do ano passado para cá, começou a aparecer dinheiro na minha conta no banco, às vezes 70, outras 80, outras 100... De onde vinha esse dinheiro? Acabei descobrindo! De duas "filhas", uma de Feira de Santana e outra de Itabuna! Dinheiro carinhosamente depositado por elas para meus táxis! A "minha farinha" e o meu "óleo" também nunca vão acabar!

Aprendi também algo de muito importante sobre "Direção Espiritual". Já tenho dito em vários livros meus que dom Tepe é meu diretor espiritual há muitos anos. Ele tem sido para mim um pai, um guia, uma luz, uma voz na minha caminhada. Mas, de algum tempo para cá, e principalmente no caso do meu carro roubado, as respostas não chegaram por intermédio dele, mas por meio do Senhor, principalmente na meditação da Palavra de cada dia. Depois desse caso do carro, em que o Senhor tão diretamente me falou, lembrei-me de um encontro há muitos anos com o padre Gardenal. Encontrei-o na rua e lhe dei uma carona. Ao entrar no carro, ele perguntou:

— Como vai a senhora?

— Vou bem.

— Estou vendo que vai bem de saúde, mas quero saber "por dentro", como vai?

— É, mais ou menos... ando um pouco triste porque, como o senhor deve saber, o Papa mandou dom Tepe para Ilhéus para ser Bispo de lá. Logo agora que estou começando a caminhar, e ele é meu diretor espiritual. Como vou ficar? — E comecei a chorar.

— A senhora conhece a história de santa Margarida Maria?

— Conheço. Com ela começou a devoção ao Coração de Jesus.

— Sabe que ela também tinha um diretor espiritual?

— Sei, o padre Colombiére.

— Pois ele também foi mandado da França para a Inglaterra, e Margarida foi chorar aos pés do Sacrário... Então ouviu Jesus lhe dizer: "Margarida, será que eu sirvo para lhe dirigir?".

A essa altura tínhamos chegado ao colégio para onde iria o padre Gardenal. Ele abriu a porta do carro e disse:

— Até logo senhora, um bom dia!

Voltei para casa pensando naquelas palavras... Agora, depois de tantos anos, voltei a me lembrar delas e estou constatando que, aos poucos, na minha vida o Senhor mesmo vai me dirigindo... o que importa é que "toda manhã ele faz meus ouvidos ficarem atentos para que eu possa ouvir como discípulo" (Is 50,4b).

O diretor espiritual é exatamente como disse João Batista, o Precursor: "É o noivo que recebe a noiva, e o amigo, que está aí esperando, se enche de alegria quando ouve a voz do noivo. Esta é a minha alegria, e ela é muito grande" (Jo 3,29-30).

Hoje já sei que o mais importante é viver na "onda" do Espírito Santo, saber o *e-mail* dele e pela internet da oração, da meditação, da Palavra, falar diretamente com ele! Ele responderá a todas as perguntas!

Hoje sei que dom Tepe poderá mais uma vez ouvir a voz do Senhor lhe dizer, como a Abraão: "Saia de sua terra, do meio de seus parentes e da casa de seu pai, e vá para a terra que eu lhe mostrarei" (Gn 12,1). Se isso acontecer, vou ter saudade, vou sentir falta da missa das 17 horas, na tranqüila capelinha da Casa de

Retiro São Francisco, das partilhas que tanto nos fazem crescer, mas não vou ficar preocupada! Já conheço a voz do Senhor e já sei que "ele serve para me dirigir".

Desejo, queridos leitores amigos, que vocês a cada dia mais vivam nessa "onda", usem o *e-mail* e se deliciem na internet do Espírito Santo. Vivam alegres, seguros, em paz, tendo a certeza do que diz o Senhor:

> Eu mesmo conduzirei as minhas ovelhas para o pasto e as farei repousar [...]. Procurarei aquela que se perder, trarei de volta aquela que se desgarrar, curarei a que se machucar, fortalecerei a que estiver fraca. Quanto à ovelha gorda e forte, eu a destruirei, pois cuidarei do meu rebanho conforme o direito" (Ez 34,15-16).

Tenha confiança! Deus é fiel (cf. Dt 7,9).

# SUMÁRIO

Prefácio .................................................................... 7

Introdução – Retiros de 2001 ................................. 13

1ª Reflexão – Tu me deste um corpo ..................... 15

2ª Reflexão – Crescer em idade, sabedoria e graça ............... 41

3ª Reflexão – Um corpo que é transformado e ressuscita ..... 53

4ª Reflexão – Um olhar cristão sobre o julgamento
e o perdão dos pecados ...................................... 63

5ª Reflexão – Um olhar cristão sobre o inferno
e a misericórdia ................................................ 71

6ª Reflexão – O Reino dos Céus ........................... 79

Experiência de oração meditativa ......................... 87

Auxílio bibliográfico ............................................. 93

Apêndice ................................................................ 95

    I – Vinte anos se passaram... ......................... 95

    II – Onze anos se passaram... ...................... 103

Impresso na gráfica da
Pia Sociedade Filhas de São Paulo
Via Raposo Tavares, km 19,145
05577-300 - São Paulo, SP - Brasil - 2006